Çökmekte olan Kara Orman Yemek Kitabı

Her Duruma Uygun 100 Lezzetli Tarifle Kara Ormanın Zengin Lezzetlerini ve Eşsiz Malzemelerini Keşfedin

Betül Utku

Telif hakkı Materyal ©2023

Her hakkı saklıdır

Bu kitabın hiçbir bölümü, bir incelemede kullanılan kısa alıntılar dışında, yayıncının ve telif hakkı sahibinin uygun yazılı izni olmaksızın hiçbir biçimde veya yöntemle kullanılamaz veya aktarılamaz. Bu kitap, tıbbi, yasal veya diğer profesyonel tavsiyelerin yerine geçemez.

İÇİNDEKİLER

İÇİNDEKİLER 3
GİRİİŞ 7
KAHVALTI 8
   1. Kara orman krepleri 9
   2. Kara Orman Kahvesi 11
   3. Buzlu kara orman mokası 13
   4. Kara Orman Bisküvisi 15
   5. Kara Orman çörekleri 18
   6. Kara Orman Fransız Tostu 21
   7. Kara Orman Sıcak Çikolata 24
   8. Kara Orman Çikolatalı Çörekler 26
   9. Sıcak Kara Orman Yulaf Ezmesi 29
   10. Kara Orman Gofretleri 31
   11. Kara Orman Krepleri 34
   12. Kara Orman Smoothie Kasesi 36
   13. Kara Orman Kahvaltı Kasesi 38
   14. Kara Orman Kahvaltı Barları 40
   15. Kara Orman Simidi 42
   16. Kara Orman Bisküvileri 44
   17. Kara Orman Smoothie'si 46
   18. Kara Orman Granola 48
   19. Kara Orman Gecelik Yulaf 50
   20. Kara Orman Protein Shake 52
   21. Kara Orman Smoothie'si 54
ATIŞTIRMALAR 56
   22. Kara orman barları 57
   23. Kara Orman Kiraz Barları 59

24. Kara orman peynirli kekleri 61
25. Kara orman pizzası 63
26. Kara Orman Kremalı Puflar 65
27. Kara Orman Kek Isırıkları 68
28. Kara Orman Şaraplı Pirinç Çıtır İkramları 70
29. Kara Orman Enerji Topları 72
30. Kara Orman İz Karışımı 74
31. Kara Orman Kurabiyeleri 76
32. Kara Orman Şaraplı Pirinç Çıtır İkramları 79
33. Kara Orman Kahve Bombası 81
34. Kara Orman Yulaf Ezmesi Damlası 83
35. Amaretto Cannoli 85
36. Cannoli alla siciliana 87
37. Cannoli turtası 90
38. Sırlı kiraz cannoli 92
39. Kara Orman Cannoli 95

ŞEBEKE 98
40. Kara Orman Jambonu ve Gruyere Tart 99
41. Kara Orman Mantarlı Risotto 101
42. Kara Orman Sığır Yahni 103
43. Kara Orman Tavuğu Alfredo 105
44. Kara Orman Burger 107
45. Kara Orman Köfte 109
46. Kara Orman Pizzası 111
47. Kara Orman Çoban Turtası 113
48. Kara Orman Gulaşı 115
49. Kara Orman Makarnası 117
50. Kara Orman Jambonlu ve Peynirli Kiş 119
51. Kara Orman Domuz Bonfile 121

52. Kara Orman Tavuğu 123

53. Kara Orman Tavuk Salatası 125

TATLI 127

54. Kara orman kek pastası 128

55. Kara orman demetli kek 130

56. Kara orman geçidi 132

57. Kara orman parfesi 135

58. Kara Orman Kek Dondurma 137

59. Kara orman suflesi 140

60. Kara orman önemsememek 142

61. Kara Orman Tiramisu 145

62. Kara Orman Meyveli Chia Pudingi 148

63. Kara orman köpüğü 150

64. Kara Orman Cannoli 152

65. Kara Orman Turtası 155

66. Kara Orman Turtası 157

67. Kekli Kara Orman dondurmaları 159

68. Kara Orman Bircher 162

69. Kara Orman Pavlova 164

70. Kara Orman Ayakkabıcı 166

71. Kara Orman Şekerlemesi 168

72. Kara Orman Zuccotto 170

73. Oreo Kabuğu Tatlısı 172

74. Kara Orman Boule-de-Neige 175

75. Kara Orman semifreddo 178

76. Oreo vişneli çikolata kremalı parfeler 181

77. Vişneli mus 183

78. Çikolatalı ve vişneli dondurmalı pasta 185

79. Rum Tiramisu 188

80. Vişneli tiramisu 190

81. Lindt bitter çikolatalı İtalyan Panna Cotta 192

KOKTEYLLER VE MOKTEYLLER 194

82. Bourbon Kara Orman Kokteyli 195

83. Kara Orman Martini 197

84. Kara Orman Boba muzlu süt 199

85. Kara Orman Eski Tarz 201

86. Kara Orman Margaritası 203

87. Kara Orman Sangria 205

88. Kara Orman Negroni 207

89. Kara Orman Manhattan 209

90. Kara Orman Fizz'i 211

91. Kara Orman Ekşisi 213

92. Kara Orman Ezmesi 215

93. Kara Orman Cosmo 217

94. Kara Orman Katırı 219

95. Kara Orman Yumruğu 221

96. Kara Orman Çevirme 223

97. Kara Orman Daiquiri 225

98. Kara Orman Sepeti 227

99. Kara Orman Tornavidası 229

100. Kara Orman kokteyli 231

ÇÖZÜM 233

GİRİİŞ

Kara Orman, güneybatı Almanya'da yoğun ormanları, berrak gölleri ve pitoresk kasabalarıyla tanınan bir bölgedir. Ama belki de en ünlüsü, çikolatalı kek, çırpılmış krema ve vişne katmanlarıyla yapılan çökmekte olan bir tatlı olan lezzetli Kara Orman pastasının doğum yeridir.

Bu yemek kitabında, bu klasik Alman tatlısından ilham alan 100 lezzetli tarifle Kara Orman lezzetlerini kutlayacağız. Zengin çikolatalı keklerden vişne dolgulu hamur işlerine kadar her tatlı isteği için bir şeyimiz var.

Ayrıca Kara Orman bölgesini bu kadar özel yapan kirsch (kiraz brendi), Kara Orman jambonu ve Schwarzwälder Kirschtorte (Kara Orman vişneli kek) gibi benzersiz malzemeleri keşfedeceğiz. Uygulaması kolay tariflerimiz ve yemek pişirme ipuçlarımız ile Kara Orman lezzetlerini kendi mutfağınızda yeniden yaratabileceksiniz.

Yani, ister klasik Kara Orman pastasının hayranı olun, ister sadece yeni ve hoş tatlı fikirleri arıyor olun, bu yemek kitabı tam size göre..

KAHVALTI

1. Kara orman krepleri

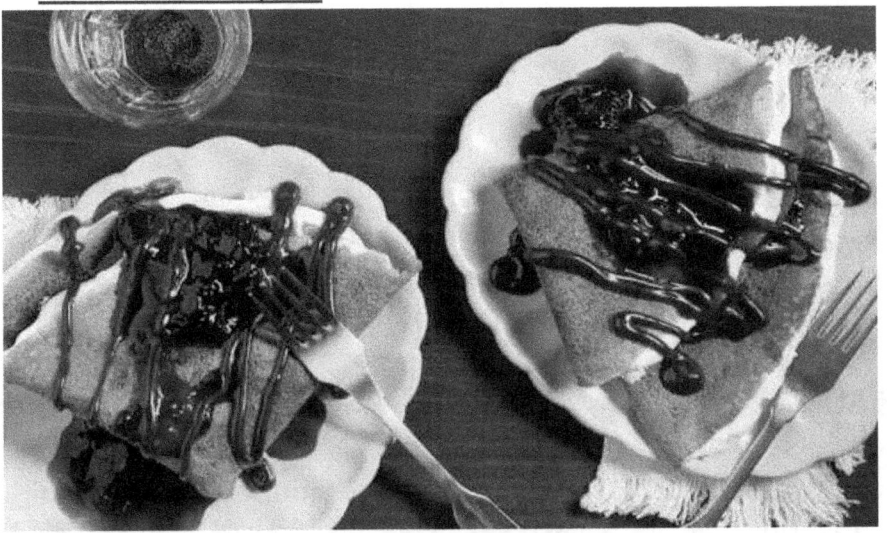

Yapar: 18 Porsiyon

İÇİNDEKİLER:
- Çikolatalı krep
- Kirsch veya şeri (isteğe bağlı)
- 19 ons Kirazlı turta dolgusu
- ¼ bardak Toz şeker
- ⅛ çay kaşığı hindistan cevizi
- Krem şanti

TALİMATLAR:
a) Kirsch veya şeri ile krep serpin.
b) Vişneli turta dolgusu, şeker ve hindistan cevizini birlikte karıştırın.
c) 2 yemek kaşığı kadar krepin bir kenarına yakın olacak şekilde yayın. Rulo.
d) Porsiyon başına 2 izin verin. Kenarı aşağı gelecek şekilde bir tabağa koyun.
e) Krem şanti ile doldurun.

2. Kara Orman Kahvesi

İÇİNDEKİLER:
- 6 ons Taze demlenmiş kahve
- 2 yemek kaşığı çikolata şurubu
- 1 yemek kaşığı Maraschino vişne suyu
- Krem şanti
- Tıraşlı çikolata
- Maraschino kirazı

TALİMATLAR:
a) Bir fincanda kahve, çikolata şurubu ve vişne suyunu birleştirin. İyice karıştırın.

b) Üstüne çırpılmış kremalı çikolata talaşı ve vişne veya 2.

3. Buzlu kara orman mokası

Yapar: 1 porsiyon

İÇİNDEKİLER:
- 4 yemek kaşığı Espresso
- buz
- 1 yemek kaşığı çikolata şurubu
- 1 yemek kaşığı Kiraz şurubu
- ½ yemek kaşığı Hindistan cevizi şurubu
- 16 yemek kaşığı soğuk süt
- Krem şanti; tepesi için
- Tıraşlı çikolata; tepesi için
- 1 Kiraz; Garnitür için

TALİMATLAR:
a) Espressoyu buzla dolu 12 onsluk bir bardağa dökün.
b) Şurupları ve sütü ekleyip karıştırın.
c) Üzerine bol miktarda çırpılmış krema ve rendelenmiş çikolata ekleyin ve bir vişne ile süsleyin.

4. Kara Orman Bisküvisi

Yapar: 36 kurabiye

İÇİNDEKİLER:
- ¼ bardak tuzsuz tereyağı yumuşatıldı.
- ¾ su bardağı beyaz toz şeker
- 1 çay kaşığı kabartma tozu
- ½ çay kaşığı kabartma tozu
- ¼ çay kaşığı Tuz
- 3 büyük yumurta
- ½ çay kaşığı vanilya özü
- ⅓ fincan toz tatlı tepesi karışımı
- 2 fincan çok amaçlı un
- ⅓ fincan şeritli badem
- ⅓ fincan mini yarı tatlı çikolata parçaları
- ½ su bardağı kuru kiraz

YUMURTA YIKAMA
- 1 yumurta
- 1 yemek kaşığı su

TALİMATLAR:
a) Bir elektrikli karıştırıcı kullanarak, tereyağını büyük bir kapta 30 saniye çırpın. Şeker, kabartma tozu, kabartma tozu ve tuz ekleyin: birleştirilene kadar çırpın. 3 yumurta ve vanilyayı çırpın. Ayrı bir kapta un ve rüya çırpıcıyı karıştırın.

b) El mikseri ile mümkün olduğu kadar un/Dream Whip karışımını tereyağ karışımına yedirin. Kalan unu tahta kaşıkla karıştırın. Bademleri, çikolata parçacıklarını ve kurutulmuş vişneleri karıştırın ve üzerini örtüp 2 saat veya hamurun işlenmesi kolay olana kadar buzdolabında saklayın.

c) Fırını 350 dereceye kadar önceden ısıtın. Hamuru ikiye bölün. Her bir yarısını yaklaşık 1 ½ inç kalınlığında 12 inçlik kütükler halinde şekillendirin. Günlükleri hafifçe yağlanmış bir çerez kağıdına 3 inç aralıklarla yerleştirin. Her kütüğü ¾ inçlik bir ekmeğe düzleştirin.

YUMURTA YIKAMA

d) Yumurta yıkamak için 1 yumurta ve 1 çorba kaşığı suyu birleştirin. Yumurta karışımını somunların üzerine fırçalayın.

e) Günlükleri önceden ısıtılmış fırında 25-30 dakika veya hafif kahverengi olana kadar pişirin. Çerez kağıdında 1 saat veya tamamen soğuyana kadar soğutun.

f) Somunlar soğuduğunda, fırını önceden 325 derece F'ye ısıtın. Somunları bir kesme tahtasına aktarın. Her somunu çapraz olarak ½ inç kalınlığında dilimler halinde kesin.

g) Çerez kağıdına dilimleri yerleştirin ve kenarları aşağı gelecek şekilde kesin. Önceden ısıtılmış fırında 8 dakika pişirin. Fırından çıkarın, dilimleri yavaşça ters çevirin ve 5 dakika veya bisküvi kuru ve gevrek olana kadar pişirin.

h) Çerezleri raflara aktarın ve soğutun.

5. Kara Orman çörekleri

Yapar: 10

İÇİNDEKİLER:
ÇÖREK HAMUR İÇİN
- 250g güçlü beyaz ekmek unu
- 50 gr pudra şekeri artı 100 gr üzerine serpmek için
- 5 gr kuru maya
- 2 yumurta
- 60g tuzlu tereyağı, eritilmiş
- 2 litre ayçiçek yağı

DOLGU İÇİN
- 200 gr kiraz reçeli
- 100ml çift krema, çırpılmış

BUZLAMA İÇİN
- 100 gr pudra şekeri, elenmiş
- 2 yemek kaşığı kakao tozu, elenmiş
- 50 gr sade çikolata
- taze kiraz (isteğe bağlı)

TALİMATLAR:
a) Un, şeker, maya, yumurta ve 125 ml ılık suyu hamur kancası veya paletli bir miksere koyun ve hamur çok yumuşak olana kadar 5 dakika karıştırın.

b) Tereyağını eritirken hamuru mikserde veya kasede bir iki dakika dinlendirin, ardından mikseri tekrar çalıştırın ve eritilmiş tereyağını ince bir akıntı halinde yavaşça ekleyin. Hamur parlak, pürüzsüz ve elastik hale gelene ve kasenin kenarlarından ayrılana kadar 5 dakika daha iyice karıştırın. Yine bu, hamurun içine tereyağı yoğrularak elle yapılabilir.

c) Kâsenin üzerini streç filmle kapatın ve kabaca iki katına çıkana kadar 30 dakika kabarması için ılık bir yerde bekletin. Mayalandıktan sonra hamuru kaseden çıkarın ve hafifçe unlanmış bir yüzeye koyun ve 2 dakika yoğurun. Hamuru tekrar kaseye alıp üzerini streç filmle kapatın ve bir gece buzdolabında dinlendirin.

d) Ertesi gün, hamuru buzdolabından çıkarın ve 10 eşit parçaya bölün, biraz yoğurun ve yuvarlak şekil verin. Hafifçe unlanmış bir fırın tepsisine aralıklı olarak koyun, ardından tekrar hafifçe yağlanmış streç filmle örtün ve 1-2 saat kabarması için ılık bir yerde bekletin. kabaca iki katına çıkana kadar.

e) Yağı büyük bir tencereye yarısına kadar doldurun, ardından bir termometre kullanarak veya küçük bir ekmek parçası 30 saniye içinde soluk altın rengini aldığında 170°C'ye ısıtın.

f) 100 gr pudra şekerini üzerine serpmeye hazır bir kaba alın, ardından donutları kızgın yağa 2-3'lü gruplar halinde dikkatlice yerleştirin ve her iki tarafını da 2'şer dakika kızarana kadar kızartın. Oluklu bir kaşık kullanarak çıkarın ve doğrudan şeker kasesine koyun, kaplamak için fırlatın ve ardından bir soğutma rafına yerleştirin.

g) Donutlar soğurken bir sıkma torbasına vişne reçelini, diğerine krem şantiyi koyun ve her bir sıkma torbasının ucundan 1'er cm'lik delikler açın.

h) Soğutulmuş bir çörek alın ve bir tarafında keskin bir bıçakla çöreğinizin ortasına kadar küçük bir kesi yapın. Şimdi bir çay kaşığı alın ve kaşığın ucu merkeze gelene kadar deliğe sokun, ardından çay kaşığını 360 derece döndürün ve hamurun merkezini dışarı çekin; atın.

i) Sıkma torbasına reçeli alın ve ortasına 1 yemek kaşığı kadar reçel sıkın, ardından aynısını krema ile yapın, çöreklerin dolgun ve dolgun olmasını sağlayın. Bunları soğutma rafına geri yerleştirin.

j) Buzlanma malzemelerini 2-3 yemek kaşığı su ile küçük bir kaseye koyun ve krema kalın ve parlak olana ve bir çay kaşığının arkasını kaplayana kadar iyice karıştırın. Sıkı bir zikzak deseninde her çörek üzerine 1 çorba kaşığı buzlanma sürün.

k) Daha sonra, bir patates soyacağı kullanarak, çubuğun kenarından ince sade çikolata talaşlarını bir tabağa alın. Bir çay kaşığı kullanarak talaşları çöreklerin üzerine serpin.

l) Taze kirazlarla servis yapın.

6. Kara Orman Fransız Tostu

Yapar: 1 porsiyon

İÇİNDEKİLER:
- 2 dilim challah ekmeği, kalın dilimlenmiş
- 2 yumurta
- 2-3 yemek kaşığı yarım buçuk veya süt
- 4-6 yemek kaşığı şeker
- 2 - 3 yemek kaşığı Hershey kakao, şekersiz yakl.
- 1 çay kaşığı vanilya
- 1 çay kaşığı tarçın, öğütülmüş
- 1 tutam tuz
- 2-3 yemek kaşığı krem peynir veya krem şanti

FRANSIZ TOSTUNUN SOSU
- 1 şişe Hershey's özel bitter çikolata şurubu
- 1 kavanoz vişne reçeli veya vişne reçeli
- 1 kavanoz griottines (kirsch'te kiraz)
- 1 kutu krem şanti
- ¼ c yarı tatlı çikolata parçaları

TALİMATLAR:

a) Tostu batırmak için bir karışım hazırlamak üzere oldukça büyük boyutlu bir kase alın.

b) Üzerine yumurtanızı ekleyin ve çırpın. Sonra yarım ve yarım, vanilya, tarçın, stevia ve Hershey's kakao ekleyin.

c) Bunların hepsini birlikte çırpın. Çikolatayı birleştirmek için biraz çırpmak gerekecek, ancak birkaç dakika sonra olacak.

d) Fırını 350'ye ısıtın veya bir tost makinesi kullanın.

e) Yağı veya tereyağını bir tavada ısıtın.

f) Şimdi bir dilim ekmek alın ve doyurmak için karışıma batırın, çevirin ve diğer tarafını da alın. Diğer dilim için tekrarlayın.

g) Fazlalığı sallayın ve pişirmek için tavaya koyun. Her iki tarafı da güzel ve çıtır kahverengi olana kadar pişirin.

h) Bir dilim tostu bir tabağa koyun ve cömertçe biraz krem peynir ekleyin ve üzerine biraz çikolata parçaları ekleyin.

i) Üzerine diğer tost ekmeğinizi ekleyin. Şimdi, 2 dilim tostu bir fırın tepsisine koyun ve fırına/veya tost makinesine koyun ve cipsler eriyene kadar yaklaşık 5 dakika pişirin. Kaldır ve plaka.

j) Birkaç kaşık tatlı sıvı ile tostun üzerine vişnelerden biraz ekleyin. Çırpılmış kremanızı ekleyin, üstüne 3 veya 4 Griottines ve bir çorba kaşığı kadar kirsch ekleyin ve Hershey's çikolata şurubunuzu Fransız tostunun her yerine gezdirin.

k) Birkaç parça çikolata daha ekleyin...şimdiye kadar sahip olduğunuz en leziz Fransız Tostunu yemeye hazırsınız. Her lokmanın tadına varın!

7. Kara Orman Sıcak Çikolata

Yapar: 2 porsiyon

İÇİNDEKİLER:
SICAK ÇİKOLATA:
- 1 su bardağı tam yağlı süt
- 2 yemek kaşığı toz şeker
- 1 ½ yemek kaşığı şekersiz kakao tozu
- 1 yemek kaşığı Amarena vişne suyu
- ½ çay kaşığı saf vanilya özü
- 1/16 çay kaşığı deniz tuzu
- 1 ½ ons %72 kıyılmış bitter çikolata

SOSU:
- 4 yemek kaşığı ağır çırpılmış krema, yumuşak zirvelere çırpılmış
- 2 Amarena kirazı
- 2 çay kaşığı bitter çikolata bukleler

TALİMATLAR:
a) Orta ateşte küçük bir tencereye süt, şeker, kakao tozu, vişne suyu, vanilya ve tuzu ekleyin ve birleştirmek için çırpın.
b) Kaynattıktan sonra, doğranmış çikolatayı çırpın.
c) Bir kaynamaya getirin ve sürekli karıştırarak yaklaşık 1 dakika hafifçe kalınlaşana kadar pişirin.
d) 2 bardağa dökün ve her birini çırpılmış kremanın yarısı, 1 kiraz ve 1 çay kaşığı çikolata bukleleri ile doldurun.
e) Hemen servis yapın.

8. Kara Orman Çikolatalı Çörekler

Yapar: 12 - 14 rulo

İÇİNDEKİLER:
HAMUR:
- 1 ½ yemek kaşığı aktif kuru maya
- 1 ¾ bardak tam yağlı hindistan cevizi sütü ılık ama sıcak değil
- ¾ çay kaşığı tuz
- 2 ½ yemek kaşığı sıvı yağ artı tavayı yağlamak için daha fazlası
- ⅔ su bardağı şeker
- 4 ¼ bardak un artı çalışma yüzeyi için daha fazlası

DOLGU:
- 2 yemek kaşığı hindistan cevizi yağı
- 2 ½ su bardağı çekirdekleri çıkarılmış ve ikiye bölünmüş taze kiraz
- ½ bardak) şeker
- 1 çay kaşığı vanilya özü
- isteğe bağlı bir tutam tarçın
- ¼ çay kaşığı tuz
- 1 su bardağı süt içermeyen yarı tatlı çikolata parçaları

BUZ ÖRTÜSÜ:
- 2 su bardağı pudra şekeri
- ⅓ su bardağı hindistan cevizi kreması
- ¼ fincan kakao tozu
- 1 çay kaşığı vanilya özü
- bir tutam tuz

TALİMATLAR:
a) Bir stand mikserinin (veya büyük bir kasenin) kasesinde, mayayı sütte eritin ve köpürene kadar yaklaşık 5 dakika bekletin. Birleştirilene kadar şeker, yağ ve tuzu karıştırın.
b) Hamurunuz toparlanana ve kasenin kenarlarından ayrılmaya başlayana kadar her seferinde bir bardak un ekleyin.
c) Kâseyi nemli bir havluyla veya streç filmle örtün ve iki katına çıkana kadar kabarması için ılık bir yere koyun.

d) Bu sırada iç harcını yapın. Orta-düşük ısıda orta bir tencerede kiraz, tereyağı, tuz ve şekeri birleştirin.

e) Karışımı hafifçe karıştırarak kaynama noktasına getirin ve sos bir kaşığın arkasını kaplayacak kadar koyulaşana kadar 10-12 dakika pişirin.

f) Ateşten alın ve vanilya ve tarçın ekleyin, sonra kenara koyun. 13x9 inçlik bir cam tavayı yağlayın ve vişnelerin sosundan birkaç kaşık tavaya/tavalara kaşıklayın.

g) Hamuru ikiye bölün ve yarısını hafifçe unlanmış bir yüzeyde yaklaşık ¼ inç kalınlığında bir dikdörtgen şeklinde açın. Vişne dolgusunun ½'sini üstüne eşit bir tabaka halinde yayın ve ½ fincan çikolata parçaları serpin.

h) Kısa uçtan başlayarak, bir tür günlüğünüz olana kadar yuvarlayın.

i) Daha sonra keskin bir bıçak kullanarak 6'ya (veya yuvarlak bir tava kullanıyorsanız 7 spirale) kesin ve hazırlanan tavaya (spiral yukarı bakacak şekilde) yerleştirin. 12 rulo elde edene kadar hamurun diğer yarısı ile tekrarlayın. Tavaları örtün ve fırın ön ısıtma yaparken yükselmelerine izin verin.

j) Fırını 350 derece F'ye (175 C) ısıtın. Kenarları kızarmaya başlayana kadar 30-40 dakika pişirin. Tavaları fırından çıkarın ve servis yapmadan önce yaklaşık 5 dakika soğumalarını bekleyin.

k) Buzlanma için, malzemeleri orta boy bir kapta kalın ve pürüzsüz olana kadar çırpın. Sıcak çörekler üzerinde servis yapın.

9. Sıcak Kara Orman Yulaf Ezmesi

Yapar: 2

İÇİNDEKİLER:
- 1 bardak yuvarlanmış yulaf
- 2 su bardağı şekersiz badem sütü
- 1 su bardağı kiraz, çekirdeksiz ve ikiye bölünmüş
- 1 ½ yemek kaşığı kakao tozu
- 3 Medjool hurması, çekirdeksiz (veya tercih edilen tatlandırıcı)
- ½ çay kaşığı vanilya özü
- 1 yemek kaşığı chia tohumu

TALİMATLAR:
a) Küçük bir tencereye yulaf, süt ve chia tohumlarını ekleyin. Düşük kaynama noktasına getirin, ardından ısıyı düşük ortama indirin. Kirazları ilave edin ve kalın ve kremsi olana kadar yaklaşık 5 dakika kaynamaya bırakın.
b) Seçtiğiniz diğer soslarla sıcak servis yapın.

10. <u>Kara Orman Gofretleri</u>

Yapar: 16 gözleme karesi

İÇİNDEKİLER
VİŞNE SOSU İÇİN:
- ¾ pound taze kiraz
- ⅓ su bardağı toz şeker
- 2 çay kaşığı mısır nişastası

KREMA İÇİN:
- 1 su bardağı ağır krem şanti
- ½ çay kaşığı vanilya özü

BİTTER ÇİKOLATALI Waffle İÇİN:
- 2 fincan çok amaçlı un
- ½ fincan şekersiz kakao tozu
- ¼ su bardağı (paketlenmiş) kahverengi şeker
- 2 çay kaşığı kabartma tozu
- 1 çay kaşığı kabartma tozu
- 1 çay kaşığı tuz
- 3 yumurta
- 2 su bardağı ayran
- ½ su bardağı bitkisel yağ
- 1 çay kaşığı vanilya özü
- 6 ons acı tatlı çikolata, ince kıyılmış

TALİMATLAR
a) Dilimlenmiş ve çekirdekleri çıkarılmış vişneleri orta boy bir tencereye şeker ve 2 yemek kaşığı su ile koyun.
b) Kirazları yumuşayana kadar orta ateşte pişirin.
c) Küçük bir kapta mısır nişastasını 2 çay kaşığı suyla birleştirin. Tüm topaklar gidene kadar karıştırın.
d) Sürekli karıştırarak mısır nişastasını vişne sosuna dökün.
e) 2-3 dakika daha veya sos koyulaşana kadar kısık ateşte pişirin.
f) Büyük bir kapta, waffle için kuru malzemeleri karıştırın.
g) Kuru malzemelerde bir kuyu oluşturun.
h) Orta boy bir kapta süt, yağ, vanilya ve yumurta sarısını birlikte çırpın.

i) Karışımı kuru malzemelerdeki kuyuya dökün ve birleşene kadar birlikte çırpın.
j) Çikolatayı eritin ve yavaşça waffle hamuruna katlayın.
k) Başka bir kapta, yumurta aklarını sert tepeler oluşana kadar bir elektrikli karıştırıcı kullanarak çırpın.
l) Yumurta aklarını bir araya gelene kadar waffle hamuruna katlayın.
m) Hamuru önceden ısıtılmış bir waffle demirine dökün ve gevrek olana kadar pişirin.
n) Orta boy bir kapta, yoğun krem şanti ve vanilya özünü yumuşak zirveler oluşana kadar çırpın.
o) Çırpılmış kremayı waffle'ların üzerine dökün ve vişne sosuyla süsleyin.

11. Kara Orman Krepleri

Yapar: 2

İÇİNDEKİLER
- 1 su bardağı un
- ¼ fincan şekersiz kakao tozu
- ¼ su bardağı şeker
- ½ çay kaşığı kabartma tozu
- ½ çay kaşığı tuz
- 1 su bardağı süt
- 1 yumurta
- 2 yemek kaşığı tereyağı, eritilmiş
- 1 sıçrama kirsch (isteğe bağlı)
- 2 su bardağı kiraz, çekirdeksiz ve ikiye bölünmüş
- 2 yemek kaşığı şeker
- 2 çay kaşığı mısır nişastası
- ¼ bardak su
- ½ su bardağı krem şanti
- 2 yemek kaşığı şeker

TALİMATLAR
a) Un, kakao tozu, şeker, kabartma tozu ve tuzu geniş bir kapta karıştırın.
b) Başka bir büyük kapta süt, yumurta, tereyağı ve kirsch'i karıştırın.
c) Islak malzemeleri kuru malzemelerle karıştırın.
d) Bir tavayı orta ateşte ısıtın ve içinde bir parça tereyağı eritin.
e) Karışımın ¼ fincanını tavaya dökün ve yüzey kabarcıklanmaya başlayana ve altı altın rengi kahverengi olana kadar yaklaşık 2-3 dakika pişirin.
f) Pankeki çevirin ve diğer tarafını alt kısmı altın rengi olana kadar yaklaşık 1-2 dakika pişirin. Kalan meyilli için tekrarlayın.
g) Bu sırada kirazları, şekeri, mısır nişastasını ve suyu orta ateşte sos koyulaşana kadar yaklaşık 5 dakika pişirin.
h) Krema ve şekeri yumuşak tepecikler oluşana kadar çırpın.

12. Kara Orman Smoothie Kasesi

1 su bardağı donmuş koyu kiraz
1/2 su bardağı vanilyalı yoğurt
1/2 su bardağı badem sütü
1 yemek kaşığı şekersiz kakao tozu
1/2 muz, dilimlenmiş
1/4 su bardağı granola
Üzeri için krem şanti
Üzeri için çikolata parçaları
Yapılışı: Dondurulmuş kirazları, yoğurdu, badem sütünü ve kakao tozunu bir karıştırıcıda karıştırın. Pürüzsüz ve kremsi olana kadar karıştırın. Karışımı bir kaseye dökün ve üzerine dilimlenmiş muz, granola, çırpılmış krema ve çikolata talaşı ekleyin.

13. Kara Orman Kahvaltı Kasesi

1 su bardağı pişmiş kinoa
1/2 su bardağı çekirdeksiz ve doğranmış koyu kiraz
1/4 su bardağı mini çikolata parçaları
1/4 bardak dilimlenmiş badem
Üzeri için krem şanti
Üzeri için çikolata parçaları
Yapılışı: Bir kasede pişmiş kinoayı, doğranmış kirazları, mini çikolata parçacıklarını ve dilimlenmiş bademleri birleştirin. Krem şanti ve çikolata talaşı ile süsleyin.

14. Kara Orman Kahvaltı Barları

1 bardak yuvarlanmış yulaf
1/2 su bardağı çok amaçlı un
1/2 çay kaşığı kabartma tozu
1/4 çay kaşığı tuz
1/2 su bardağı tuzsuz tereyağı, yumuşatılmış
1/2 su bardağı paketlenmiş kahverengi şeker
1 büyük yumurta
1 çay kaşığı vanilya özü
1/2 su bardağı çekirdeksiz ve doğranmış koyu kiraz
1/2 fincan mini çikolata parçaları

Talimatlar: Fırını 350 ° F'ye ısıtın. 9x9 inçlik bir fırın tepsisini yağlayın. Orta karıştırma kabında, yulaf ezmesi, un, kabartma tozu ve tuzu birlikte çırpın. Büyük bir karıştırma kabında, tereyağı ve esmer şekeri hafif ve kabarık olana kadar çırpın. Yumurta ve vanilya özünü çırpın. İyice birleştirilene kadar kuru malzemeleri yavaş yavaş karıştırın. Doğranmış kirazları ve mini çikolata parçalarını karıştırın. Karışımı hazırlanan fırın tepsisine eşit şekilde yayın. 25-30 dakika veya altın kahverengi olana kadar pişirin. Kahvaltı barlarına dilimlemeden önce soğumaya bırakın.

15. Kara Orman Simidi

1 her şey simit
2 yemek kaşığı krem peynir
1/2 su bardağı çekirdeksiz ve doğranmış koyu kiraz
1/4 su bardağı mini çikolata parçaları
Yapılışı: Tüm simitleri beğeninize göre kızartın. Krem peyniri simitin üzerine yayın ve üzerine doğranmış vişne ve mini çikolata parçaları ekleyin.

16. Kara Orman Bisküvileri

2 fincan çok amaçlı un
1 yemek kaşığı kabartma tozu
1/2 çay kaşığı kabartma tozu
1/4 çay kaşığı tuz
1/4 fincan şekersiz kakao tozu
1/4 su bardağı toz şeker
1/2 su bardağı tuzsuz tereyağı, soğutulmuş ve küp şeklinde doğranmış
3/4 su bardağı ayran
1/2 su bardağı çekirdeksiz ve doğranmış koyu kiraz
1/4 su bardağı mini çikolata parçaları
Üzeri için krem şanti
Üzeri için çikolata parçaları
Talimatlar: Fırını 425 ° F'ye ısıtın. Büyük bir karıştırma kabında un, kabartma tozu, kabartma tozu, tuz, kakao tozu ve toz şekeri birlikte çırpın. Bir pasta kesici veya parmaklarınızı kullanarak, karışım kaba kırıntılara benzeyene kadar tereyağını kuru malzemelere ayırın. Ayranı bir hamur oluşana kadar yavaş yavaş karıştırın. Doğranmış kirazları ve mini çikolata parçacıklarını karıştırın. Hamuru hafifçe unlanmış bir yüzeye alın ve kısaca yoğurun. Hamuru 1/2 inç kalınlığında açın ve bisküvi kesici veya çerez kesici kullanarak bisküviler halinde kesin. Bisküvileri yağlanmış bir fırın tepsisine yerleştirin ve 12-15 dakika veya altın kahverengi olana kadar pişirin. Krem şanti ve çikolata talaşı ile süsleyin.

17. Kara Orman Smoothie'si

1 su bardağı badem sütü
1/2 su bardağı çekirdeksiz ve doğranmış koyu kiraz
1/4 su bardağı sade Yunan yoğurdu
2 yemek kaşığı şekersiz kakao tozu
1 yemek kaşığı bal
1/2 muz
1/4 su bardağı mini çikolata parçaları
Talimatlar: Bir karıştırıcıda badem sütü, doğranmış kirazlar, Yunan yoğurdu, kakao tozu, bal ve muzu pürüzsüz olana kadar karıştırın. Mini çikolata parçalarını ekleyin ve küçük parçalara ayrılana kadar nabız atın. Hemen servis yapın.

18. kara orman granola

3 su bardağı eski moda yulaf ezmesi
1 su bardağı file badem
1/4 fincan şekersiz kakao tozu
1/4 çay kaşığı tuz
1/4 su bardağı hindistancevizi yağı, eritilmiş
1/4 su bardağı bal
1 çay kaşığı vanilya özü
1/2 su bardağı çekirdeksiz ve doğranmış koyu kiraz
1/4 su bardağı mini çikolata parçaları
Talimatlar: Fırını 325 ° F'ye ısıtın. Büyük bir karıştırma kabında yulaf, şerit badem, kakao tozu ve tuzu birleştirin. Ayrı bir karıştırma kabında hindistancevizi yağı, bal ve vanilya özünü birlikte çırpın. Islak malzemeleri yavaş yavaş kuru malzemelere dökün, iyice birleşene kadar karıştırın. Karışımı yağlanmış bir fırın tepsisine yayın ve ara sıra karıştırarak 25-30 dakika veya kızarana kadar pişirin. Soğumaya bırakın. Soğuduktan sonra doğranmış kirazları ve mini çikolata parçacıklarını karıştırın. Hava geçirmez bir kapta saklayın.

19. Kara Orman Gecelik Yulaf

1/2 su bardağı eski moda yulaf ezmesi
1/2 su bardağı badem sütü
1/2 su bardağı çekirdeksiz ve doğranmış koyu kiraz
2 yemek kaşığı şekersiz kakao tozu
1 yemek kaşığı bal
1/4 çay kaşığı vanilya özü
1/4 su bardağı mini çikolata parçaları
Yapılışı: Küçük bir karıştırma kabında yulaf, badem sütü, doğranmış vişne, kakao tozu, bal ve vanilya özünü birleştirin. İyice karıştırın. Karışımı bir mason kavanoza veya hava geçirmez bir kaba aktarın. Örtün ve gece boyunca soğutun. Sabah, istenirse mini çikolata parçaları ve ilave doğranmış kirazlarla süsleyin.

20. Kara Orman Protein Shake

1 su bardağı şekersiz badem sütü
1/2 su bardağı çekirdeksiz ve doğranmış koyu kiraz
1 ölçek çikolata protein tozu
2 yemek kaşığı şekersiz kakao tozu
1 yemek kaşığı bal
1/4 çay kaşığı vanilya özü
1/4 su bardağı mini çikolata parçaları
Talimatlar: Badem sütünü, doğranmış kirazları, çikolata protein tozunu, kakao tozunu, balı ve vanilya özünü pürüzsüz olana kadar bir karıştırıcıda karıştırın. Mini çikolata parçalarını ekleyin ve küçük parçalara ayrılana kadar nabız atın. Hemen servis yapın.

21. kara orman güler yüzlü

İÇİNDEKİLER
HAZIRLIK İÇİN
- 1 (16 ons) torba donmuş çekirdeksiz tatlı kiraz
- 2 su bardağı bebek ıspanak
- 2 yemek kaşığı toz kakao
- 1 yemek kaşığı chia tohumu

HİZMET ETMEK
- 1 su bardağı şekersiz çikolatalı badem sütü
- ¾ fincan vanilya %2 Yunan yoğurdu
- 3 çay kaşığı akçaağaç şurubu
- 1 çay kaşığı vanilya özü

TALİMATLAR:
a) Kirazları, ıspanağı, kakao tozunu ve chia tohumlarını geniş bir kapta birleştirin. 4 adet kilitli dondurucu poşetine paylaştırın. Servis yapmaya hazır olana kadar bir aya kadar dondurun.

b) BİR SERVİS HAZIRLAMAK İÇİN: Bir poşetin içindekileri bir karıştırıcıya koyun ve ¼ bardak badem sütü, 3 yemek kaşığı yoğurt, ¾ çay kaşığı akçaağaç şurubu ve ¼ çay kaşığı vanilya ekleyin. Pürüzsüz olana kadar karıştır. Hemen servis yapın.

ATIŞTIRMALAR

22. kara orman barları

Yapar: 54 porsiyon

İÇİNDEKİLER:

- 16 ons Vişne; Çukurlu
- 8 ons şekersiz çikolatalı kek karışımı;
- 2 yemek kaşığı ŞEKER YEDEKLEMESİ;

TALİMATLAR:

a) Kirazları çok iyi süzün. Kek karışımını, kirazları ve şeker değişimini bir karıştırma kabında birleştirin.

b) İyice karıştırmak için karıştırın.

c) Hamuru iyi yağlanmış 9 inçlik bir tavada yayın.

d) 20-25 dakika 375 derecede pişirin.

e) 1 X 1½ çubuklar halinde kesin.

23. Kara Orman Kiraz Barları

İÇİNDEKİLER:

- 3 21 ons kutu vişneli turta dolgusu, bölünmüş
- 18-½ ons adet. çikolatalı kek karışımı
- ¼ c. yağ
- 3 yumurta, çırpılmış
- ¼ c. kiraz aromalı brendi veya vişne suyu
- 6 ons paket yarı tatlı çikolata cipsleri
- İsteğe bağlı: çırpılmış tepesi

TALİMATLAR:

a) Soğuyana kadar 2 kutu turta dolgusunu soğutun. Düşük hızda bir elektrikli karıştırıcı kullanarak, kalan turta dolgusu, kuru kek karışımı, yağ, yumurta ve brendi veya vişne suyunu iyice karışana kadar çırpın.

b) Çikolata parçacıklarını karıştırın.

c) Hamuru hafifçe yağlanmış 13"x9" fırın tepsisine dökün. Bir kürdan testi temiz çıkana kadar 350 derecede 25 ila 30 dakika pişirin; sakin olmak. Servis yapmadan önce, soğutulmuş turta dolgusunu üstüne eşit şekilde yayın.

d) Çubuklar halinde kesin ve istenirse çırpılmış tepesi ile servis yapın. 10 ila 12 kişiliktir.

24. kara orman peynirli kek

Yapar: 18 porsiyon

İÇİNDEKİLER:
- 24 vanilyalı gofret
- 16 ons Krem peynir
- 1¼ su bardağı Şeker
- ⅓ su bardağı Kakao
- 2 yemek kaşığı Un
- 3 yumurta
- 1 bardak Ekşi krema
- ½ çay kaşığı Badem özü
- Kakao ekşi krema tepesi
- Konserve vişneli turta dolgusu, soğutulmuş
- Kara Orman Peynirli Kapkek

TALİMATLAR:
a) Fırını 325 dereceye ısıtın. Folyo lamine pişirme kapları ile muffin kalıplarını sıralayın.

b) Vanilyalı gofreti her birinin altına yerleştirin. Büyük bir mikser kabında krem peyniri pürüzsüz olana kadar çırpın.

c) Şeker, kakao ve un ekleyin; iyi karıştırın.

d) yumurta ekleyin; iyi döv. Ekşi krema ve badem özünü karıştırın.

e) Hazırlanan her bardağı karışımla neredeyse tamamen doldurun. 20-25 dakika veya sertleşene kadar pişirin. fırından çıkarın; 5 ila 10 dakika soğutun.

f) Her bir bardağa tepeleme bir çay kaşığı kakao ekşi krema sürün. Tavalarda tamamen soğutun; buzdolabında

g) Servis yapmadan hemen önce bir parça vişneli turta dolgusu ile süsleyin.

h) Artıkları soğutun.

25. kara orman pizzası

Yapar: 12 Porsiyon

İÇİNDEKİLER:
- 19⅛ ons Brownie karışımı; paket yönlerine göre hazırlanan hamur
- 8 ons Krem peynir; yumuşatılmış
- 2 yemek kaşığı pudra şekeri
- 8 ons Dondurulmuş çırpılmış tepesi; çözülmüş
- 20 ons Kirazlı turta dolgusu

TALİMATLAR:

a) Fırını 350F'ye ısıtın. Hazırlanan hamuru, yapışmaz pişirme spreyi ile kaplanmış 12 inçlik bir pizza tepsisinin tabanına eşit şekilde yayın.

b) 20 ila 25 dakika veya ortasına batırılan tahta bir kürdan temiz çıkana kadar pişirin; soğumaya bırakın. Büyük bir kapta, orta hızda bir elektrikli çırpıcı ile krem peyniri, şekerleme şekerini ve çırpılmış malzemeyi pürüzsüz olana kadar çırpın.

c) Islak bir sofra bıçağıyla, karışımı kek pizzanın üzerine eşit şekilde yayın, ardından vişneli turta dolgusunu bunun üzerine eşit şekilde kaşıklayın.

d) Hemen kesin ve servis yapın veya servis yapmaya hazır olana kadar örtün ve soğutun.

26. Kara Orman Kremalı Puflar

Yapar: 12

İÇİNDEKİLER:
- ½ su bardağı süt
- ½ su bardağı su
- ½ fincan tereyağı
- 1 fincan çok amaçlı un
- 5 yumurta
- 5 su bardağı dondurulmuş, şekersiz, çekirdeksiz, ekşi kırmızı kiraz, çözülmüş
- su
- 1 su bardağı şeker
- ¼ su bardağı mısır nişastası
- ¼ fincan kirsch (siyah vişne likörü) veya portakal suyu
- 3 damla kırmızı gıda boyası
- 1 yemek kaşığı vanilya
- 2 ons yarı tatlı çikolata, eritilmiş ve soğutulmuş
- 1 su bardağı krem şanti, çırpılmış

TALİMATLAR:
a) Kremalı puflar için orta boy bir tencerede süt, su ve tereyağını birleştirin. Kaynamaya getirin. Çok amaçlı unu bir kerede kuvvetlice karıştırarak ekleyin. Karışım ayrılmayan bir top oluşturana kadar pişirin ve karıştırın. Tencereyi ocaktan alın. Kremalı puf karışımını 5 dakika soğutun. Yumurtaları birer birer ekleyin ve her eklemeden sonra pürüzsüz olana kadar tahta bir kaşıkla çırpın.
b) Toplam 12 adet kremalı puf olacak şekilde hamuru yağlanmış bir fırın tepsisine yemek kaşığı yığarak bırakın.
c) 400 derece F fırında yaklaşık 30 dakika veya altın rengi olana kadar pişirin. Bir tel raf üzerinde soğuk puflar. Pufları ayırın ve içindeki yumuşak hamurları çıkarın.
d) Bu arada vişne dolgusu için, çözülmüş vişneleri 2 fincanlık bir ölçüm kabının üzerine bir elek içine koyun; vişne suyunu ayırarak

kirazları süzün. Ayrılmış vişne suyuna 2 su bardağı sıvı yapacak kadar su ekleyin; kirazları bir kenara koyun.

e) Büyük bir tencerede, şeker ve mısır nişastasını karıştırın. Vişne suyu karışımını, kirsch'i ve kırmızı gıda boyasını ilave edin. Pişirin ve koyulaşana ve kabarcıklı olana kadar orta ateşte karıştırın. 2 dakika daha karıştırarak pişirin. Ateşten alın; vanilya ve kirazları karıştırın. Örtün ve yaklaşık 2 saat boyunca veya tamamen soğuyana kadar soğutun.

f) Birleştirmek için, pufların içine kiraz dolgusu koyun. Pufları eritilmiş çikolata ile gezdirin. Krem şanti ile servis yapın.

27. Kara Orman Brownie Isırıkları

Yapar: 24

İÇİNDEKİLER:
- ½ su bardağı tuzsuz tereyağı
- 3 ons yarı tatlı çikolata, doğranmış
- 1 su bardağı toz şeker
- ¼ fincan kakao tozu
- 2 yumurta
- 1 çay kaşığı vanilya özü
- ½ bardak çok amaçlı un
- ½ çay kaşığı tuz
- ¾ su bardağı Vişneli Turta Doldurma
- ⅓ su bardağı %35 krem şanti
- 2 yemek kaşığı pudra şekeri

TALİMATLAR:
a) Fırını 350°F'ye (180°C) önceden ısıtın.
b) 24-mini muffin tepsisini yağlayın ve kakao tozu serpin; kenara koymak
c) Tereyağı ve çikolatayı kısık ateşte kaynayan suyun üzerine oturtulmuş ısıya dayanıklı bir kapta ara sıra karıştırarak eritin. Ateşten alın. Şeker ve kakao tozu ile karıştırın. Hafifçe soğutun.
d) İyice birleştirilene kadar yumurtaları birer birer çikolata karışımına karıştırın. Vanilyayı karıştırın. Ayrı bir kapta un ve tuzu karışana kadar çırpın. Çikolata karışımına karıştırın.
e) Hazırlanan tavaya eşit şekilde kaşıklayın. 18 ila 20 dakika veya kekin ortasına yerleştirildiğinde kürdana yalnızca birkaç nemli kırıntı yapışana kadar pişirin.
f) Tavada tamamen soğumaya bırakın. Tavadan çıkarın. Servis yapmaya hazır olduğunuzda, krema ve pudra şekerini elektrikli çırpıcılarla sert zirveler tutana kadar çırpın. Her birini eşit şekilde çırpılmış krema ve kalan vişneli turta dolgusu ile doldurun. Hemen servis yapın.

28. Kara Orman Şaraplı Pirinç Çıtır İkramları

Yapar: 16 bar

İÇİNDEKİLER:
- 3 yemek kaşığı tereyağı
- 4 su bardağı mini marshmallow
- ½ fincan Pennsylvania vişne şarabı
- 5 su bardağı pirinç gevreği
- ½ su bardağı doğranmış kuru kiraz
- ¼ fincan yarı tatlı çikolata parçaları

TALİMATLAR:
a) Bir fırın tepsisini parşömen kağıdı ile hizalayın. Yemeklik yağ ile püskürtün.
b) Orta ateşte orta boy bir tencerede tereyağını eritin. Marshmallow ekleyin ve eriyene kadar karıştırın.
c) Ateşten alın ve şarap ve tahıl ekleyin. Sadece birleştirilene ve hatmi dağıtılana kadar karıştırın.
d) Kurutulmuş kirazları ve damla çikolatayı ekleyin ve tamamen karışana kadar karıştırın. Hazırlanmış bir tepsiye dökün, parşömenle örtün ve soğutun. Dilimleyin ve servis yapın.

29. Kara Orman Enerji Topları

Yapar: 8

İÇİNDEKİLER:
- 200 gr çekirdeksiz hurma
- 1 su bardağı çekilmiş badem
- ¾ fincan kurutulmuş hindistan cevizi
- ½ su bardağı yulaf ezmesi
- 2 yemek kaşığı toz kakao
- 2 yemek kaşığı hindistan cevizi yağı
- 1 yemek kaşığı akçaağaç şurubu
- 20g bütün dondurularak kurutulmuş kiraz, ufalanmış

TALİMATLAR:
a) Dolu bir su ısıtıcısını kaynatın
b) Hurmaları orta ısıya dayanıklı bir kaba koyun ve üzerini kaynar su ile kapatın. Yumuşamaya başlayana kadar yaklaşık 10 dakika bekletin. İyice süzün.
c) Öğütülmüş bademleri, kurutulmuş hindistan cevizini, yulaf ezmesini ve kakao tozunu ıslatılmış hurma, hindistancevizi yağı ve akçaağaç şurubu ile bir karıştırıcıda birleştirin. Pürüzsüz olana kadar 2-3 dakika karıştırın.
d) Karışımı temiz nemli ellerle yemek kaşığı büyüklüğünde toplar haline getirin ve bir tabağa/tepsiye yerleştirin. Sertleşmesi için yaklaşık 30 dakika buzdolabında bekletin.
e) Temiz, kuru eller kullanarak dondurularak kurutulmuş kirazları bir tabağa ufalayın. Enerji toplarını vişneli kekin içinde hafifçe yuvarlayın.

30. Kara Orman Yolu Karışımı

Yapar: 14 porsiyon

İÇİNDEKİLER:
- 1 su bardağı bitter çikolata parçaları
- 1 su bardağı kuru yaban mersini
- 1 su bardağı kuru kiraz
- 1 su bardağı kavrulmuş tuzlu fıstık
- 1 su bardağı bütün tuzlu badem
- 1 su bardağı tuzlu kavrulmuş kaju fıstığı bütün, parça değil
- 1 su bardağı fındık aynı zamanda filbert olarak da adlandırılır

TALİMATLAR:
a) Büyük bir karıştırma kabında, tüm malzemeleri birleştirin ve eşit şekilde karışana kadar karıştırın.

b) İz karışımını bir aya kadar hava geçirmez bir kapta saklayın.

31. kara orman kurabiyeleri

Yapar: 18 Büyük kurabiye

İÇİNDEKİLER:

- 2 ¼ bardak Çok amaçlı un
- ½ fincan Hollanda usulü kakao tozu
- ½ çay kaşığı Kabartma tozu
- ½ çay kaşığı Kabartma tozu
- 1 çay kaşığı Tuz
- 1 su bardağı tuzsuz tereyağı eritilip soğutulmuş
- ¾ fincan kahverengi şeker paketlenmiş açık veya koyu
- ¾ su bardağı Beyaz toz şeker
- 1 çay kaşığı Saf vanilya özü
- Oda sıcaklığında 2 büyük yumurta
- 1 su bardağı beyaz çikolata parçaları
- ½ su bardağı Semisweet çikolata parçaları
- 1 su bardağı taze kiraz Yıkanmış, çekirdekleri çıkarılmış ve dörde bölünmüş

TALİMATLAR:

a) Tereyağını mikrodalgada eritin ve oda sıcaklığına gelene kadar 10-15 dakika soğumaya bırakın. Kirazları hazırlayın ve küçük dörde bölün.

b) 1 su bardağı tuzsuz tereyağı, 1 su bardağı taze kiraz

c) Fırını 350 ° F'ye ısıtın. Parşömen kağıdı ile iki çerez sayfasını hizalayın. Kenara koyun.

d) Orta boy bir kapta un, kakao tozu, kabartma tozu, kabartma tozu ve tuzu karıştırın. Kenara koyun.

e) 2 ¼ su bardağı çok amaçlı un, ½ su bardağı şekersiz kakao tozu, ½ çay kaşığı Kabartma tozu, ½ çay kaşığı Kabartma tozu, 1 çay kaşığı Tuz

f) Geniş bir kapta eritilmiş tereyağı, esmer şeker, şeker, vanilya ve yumurtaları ekleyin. Pürüzsüz olana kadar karıştırmak için kauçuk bir spatula kullanın.

g) 1 su bardağı tuzsuz tereyağı, ¾ su bardağı Esmer şeker, ¾ su bardağı Beyaz toz şeker, 1 çay kaşığı Saf vanilya özü, 2 büyük yumurta

h) Kuru malzemeleri ekleyin ve birleştirilene kadar karıştırın. Yumuşak bir hamur olacak. Beyaz çikolata parçalarını, çikolata parçacıklarını ve taze kirazları ekleyin.

i) 1 su bardağı beyaz çikolata parçaları, ½ su bardağı yarı tatlı çikolata parçaları, 1 su bardağı taze kiraz

j) Hamuru almak için büyük bir kurabiye kaşığı (3 oz kurabiye kaşığı) kullanın. Çerez kağıdı başına 6 kurabiye hamuru topu yerleştirin.

k) Her seferinde bir çerez yaprağı pişirin. 13-15 dakika pişirin. Sıcakken üzerini ekstra çikolata parçaları ve beyaz çikolata parçaları ile süsleyin.

l) Kurabiyeyi sıcak tavada 10 dakika bekletin. Ardından soğuması için bir soğutma rafına aktarın.

32. Kara Orman Şaraplı Pirinç Çıtır İkramları

Yapar: 16 bar

İÇİNDEKİLER:
- 3 yemek kaşığı tereyağı
- 4 su bardağı mini marshmallow
- ½ fincan Pennsylvania vişne şarabı
- 5 su bardağı pirinç gevreği
- ½ su bardağı doğranmış kuru kiraz
- ¼ fincan yarı tatlı çikolata parçaları

TALİMATLAR:

a) Bir fırın tepsisini parşömen kağıdı ile hizalayın. Yemeklik yağ ile püskürtün.

b) Orta ateşte orta boy bir tencerede tereyağını eritin. Marshmallow ekleyin ve eriyene kadar karıştırın.

c) Ateşten alın ve şarap ve tahıl ekleyin. Sadece birleştirilene ve hatmi dağıtılana kadar karıştırın.

d) Kurutulmuş kirazları ve damla çikolatayı ekleyin ve tamamen karışana kadar karıştırın. Hazırlanmış bir tepsiye dökün, parşömenle örtün ve soğutun. Dilimleyin ve servis yapın.

33. Kara Orman Kahve Bombası

Yapar: 2 bomba

İÇİNDEKİLER:
- ½ su bardağı Isomalt eritilmiş
- 3-4 çay kaşığı hazır kahve
- 2 yemek kaşığı çikolata şurubu
- Tıraşlı çikolata

TALİMATLAR:
a) Kaşığınızın alt kısmı ile izomaltı kalıbın kenarlarına doğru itin.
b) Bomba kalıplarını 5 dakika dondurun.
c) Kalıpları dondurucudan çıkardıktan sonra silikonlarını soyun.
d) Her Isomalt bombasına hazır kahve, çikolata şurubu ve Tıraşlı çikolata ekleyin.
e) Bir tabağı ısıtın ve boş Isomalt kaplarından birini açık tarafı aşağı gelecek şekilde ısıtma plakasının düz kısmına bastırın.
f) Bu ısıtılmış kenar Isomalt'ı hemen dolu bardaklardan birinin üzerine yerleştirin.
g) Bu, bombanın iki yarısını birleştirecek.

34. Kara Orman Yulaf Ezmesi Damlaları

İÇİNDEKİLER
KURABİYE
- 1 su bardağı Tereyağı, yumuşatılmış
- ¾ su bardağı şeker
- ½ su bardağı sıkıca paketlenmiş kahverengi şeker
- 2 büyük Yumurta
- 1 ½ çay kaşığı vanilya
- 1 ⅔ bardak çok amaçlı un
- 1 çay kaşığı kabartma tozu
- ¼ çay kaşığı tuz
- 2 bardak pişmemiş eski moda yulaf
- 1 ½ su bardağı yarı tatlı çikolata parçaları
- 1 su bardağı kurutulmuş vişne, iri kıyılmış

çiseleme
- 2 su bardağı pudra şekeri
- 1 ila 2 çay kaşığı Kirsch veya elma suyu
- 2 ila 3 yemek kaşığı su

TALİMATLAR:
a) Fırını 350 ° F'ye ısıtın.

b) Tereyağı, şeker ve kahverengi şekeri bir kapta birleştirin. Kremsi olana kadar kaseyi sık sık kazıyarak orta hızda çırpın. Yumurta ve vanilya ekleyin; iyice karışana kadar çırpmaya devam edin. Un, kabartma tozu ve tuzu ekleyin; iyice karışana kadar düşük hızda çırpın. Yulaf, çikolata parçaları ve kirazları karıştırın.

c) Hamuru yuvarlatılmış çay kaşığı dolusu, 2 inç arayla, yağlanmamış çerez sayfalarına bırakın. 10-12 dakika veya altın kahverengi olana kadar pişirin. Tamamen soğutun.

d) Pudra şekeri ve Kirsch'ü bir kapta karıştırın. Arzu edilen drizzling kıvamı için yavaş yavaş yeterli suyu karıştırın. Soğuyan kurabiyelerin üzerine gezdirin.

35. Amaretto Cannoli

Yapar: 6 Porsiyon

İÇİNDEKİLER:
- 2¾ bardak Çok amaçlı un; elenmiş
- 2 yemek kaşığı şeker
- ¼ bardak Tereyağı
- 1 yumurta; dövülmüş
- ⅔ bardak Marsala şarabı; veya şeri veya tatlı şarap
- 1 yumurta akı
- Yağ; kızartma için
- 1 pound ricotta peyniri
- 2 su bardağı Pudra şekeri; elenmiş
- ⅓ su bardağı Şekerlenmiş meyve; ince kıyılmış (kiraz şekerlemesi ile karıştırılmış)
- 2 ons Bittersweet çikolata parçaları
- 2 yemek kaşığı Amaretto; veya Maraschino likörü

TALİMATLAR:
a) Hamur: Un ve şekeri karıştırın ve tereyağında kesin. Yavaş yavaş yumurta ve şarabı ekleyin, ardından karışımı bir top haline getirin. Pürüzsüz olana kadar hamuru yaklaşık 5 dakika yoğurun.
b) Üzerini örtüp en az 1 saat bekletin.
c) Doldurma: Ricotta peynirini bir süzgeçten geçirerek bir karıştırma kabına sıkın. 2 yemek kaşığı ayırarak şeker ekleyin. Kiraz ve çikolata parçaları ile şekerlenmiş meyveler ekleyin. Buzdolabında soğutun.
d) Bu arada, unlu bir yüzeyde, hamuru yaklaşık 4 inç çapında kağıt inceliğinde yuvarlayın. Zeytinyağı ile fırçalanmış cannoli tüplerini sarın. Kapatmak için kapağın üzerine yumurta beyazı sürün.
e) Yağı 380 F'ye ısıtın ve hamurları kızartın. Birkaç kat kağıt havlu üzerine boşaltın. Soğutun, ardından metal boruları dikkatlice dışarı kaydırın. Servise hazır olduğunda, daha önce değil, hamur ıslanacağı için, sıkma torbasının en büyük ağzından sıkın. Her iki ucuna birkaç damla çikolata yerleştirin.
f) Kalan pudra şekeri serpin ve hemen servis yapın.

36. Cannoli alla siciliana

Yapar: 12 porsiyon

İÇİNDEKİLER:
MERMİLER:
- 2 fincan çok amaçlı un
- 2 yemek kaşığı Kısaltma
- 1 çay kaşığı Şeker
- ¼ çay kaşığı Tuz
- ¾ bardak Şarap, Marsala, Burgundy veya Chablis
- Sebze yağı

DOLGU:
- 3 su bardağı ricotta
- ½ su bardağı Şekerleme şekeri
- ¼ fincan Tarçın
- ½ kare şekersiz
- Rendelenmiş çikolata VEYA
- ½ yemek kaşığı Kakao (her ikisi de isteğe bağlı)
- ½ çay kaşığı vanilya
- 3 yemek kaşığı Citron kabuğu, doğranmış
- 3 yemek kaşığı Portakal kabuğu, şekerlenmiş, doğranmış
- 6 Glace vişne, doğranmış

TALİMATLAR:
a) KABUKLAR: Un, katı yağ, şeker ve tuzu birleştirin ve yavaş yavaş şarapla ıslatın, oldukça sert bir hamur veya macun oluşana kadar parmaklarınızla yoğurun. Top haline getirin, bezle örtün ve yaklaşık 1 saat bekletin.

b) Hamuru ikiye bölün ve hamurun yarısını yaklaşık ¼ inç kalınlığında ince bir tabaka halinde yuvarlayın.

c) 4 inçlik kareler halinde kesin. Metal bir tüpü çapraz olarak her bir kare boyunca bir noktadan diğerine yerleştirin, iki noktayı üst üste bindirerek ve üst üste binen noktaları biraz yumurta akı ile kapatarak hamuru tüpün etrafına sarın.

d) Bu arada derin kızartma için bitkisel yağı büyük derin tavada ısıtın. Her seferinde bir veya iki tüpü sıcak yağa bırakın. Hamur altın rengi kahverengi olana kadar hafifçe kızartın.
e) Tavadan çıkarın, soğumaya bırakın ve kabuğu metal borudan yavaşça çıkarın.
f) Kabukları soğuması için bir kenara koyun. Tüm kabuklar yapılana kadar prosedürü tekrarlayın.
g) DOLUM: Ricotta'yı elenmiş kuru malzemelerle iyice karıştırın. Vanilya ve meyve kabuğunu ekleyin. İyice karıştırın ve karıştırın.
h) Kabukları doldurmadan önce buzdolabında soğutun.
i) Soğuk cannoli kabuklarını doldurun; kabuğun her iki ucunda eşit şekilde doldurma. Her bir ucunu bir parça vişne ile süsleyin ve kabukları pudra şekeri serpin. Servis yapmaya hazır olana kadar soğutun.
j) Bunlar, şirketiniz gelmeden hemen önce doldurulmaları en iyisidir.
a) istenirse kakao tozu ile.

37. Cannoli turtası

Yapar: 1 Porsiyon

İÇİNDEKİLER:
- 1½ pound ricotta peyniri
- 1½ su bardağı Şekerleme şekeri
- 3 yemek kaşığı ağır krema
- 12 Kiraz, dörde bölünmüş
- 2 ons Baker'ın tatlı çikolatası
- 2 ons Şeritli badem
- 1 adet hazır çikolata
- Rendelenmiş fırıncının tatlı çikolatası

TALİMATLAR:
a) Büyük bir karıştırma kabında ricotta peyniri, şekerleme şekeri ve ağır kremayı birleştirin; Pürüzsüz ve kremsi olana kadar iyice karıştırın.
b) Kiraz, 2 ons çikolata ve badem ekleyin; karışması için karıştırın.
c) Hazırlanan kabuğa dökün. İsteğe göre rendelenmiş çikolata serperek süsleyin.
d) Folyo ile örtün ve servis yapmadan 3 saat önce dondurun. (Pasta katılaşırsa, servis yapmadan önce biraz yumuşamasını bekleyin.

38. Sırlı kiraz cannoli

Yapar: 1 Porsiyon

İÇİNDEKİLER:
- 1 kilo elenmiş un
- ¼ çay kaşığı Tarçın
- 1 yemek kaşığı toz hazır kahve
- Yarım limonun rendelenmiş kabuğu
- 2 ons Şeker
- 1 Yumurta hafifçe çırpılmış
- 1 Yumurta sarısı hafifçe çırpılmış
- 2 yemek kaşığı Yemeklik yağ
- ½ bardak yarı tatlı şarap
- Ek 2 yumurta sarısı; biraz dövülmüş
- Derin kızartma için yağ
- 1½ pound Ricotta
- 4 ons Pudra şekeri
- 4 ons İçme çikolata
- 4 ons Sırlı şeri
- 4 ons Kızarmış badem [doğranmış]

TALİMATLAR:

a) Hamur-- un, tarçın ve kahveyi karıştırıp bir kaseye eleyin. Limon kabuğu, şeker, yumurta ve yumurta sarısı ve yağı karıştırın.

b) Bir hamur oluşturmak için malzemeleri bir arada tutmaya yetecek kadar şarap ekleyerek elle karıştırın. unlanmış bir tahta üzerinde açın ve pürüzsüz ve elastik olana kadar yaklaşık 10 dakika yoğurun. Hamuru birkaç saat soğutun.

c) Hamurdan parçalar koparıp incecik açın. Yaklaşık 3½ inç'e 5 inçlik bir dikdörtgen kesin ve bir cannoli tüpünün [yaklaşık 1 inç çapında bir metal boru. ve yaklaşık 4-5 inç uzunluğunda] Kalan yumurta sarısı ile fırçalayarak kenarları kapatın.

d) Sarılı tüpü kızgın yağa atarak iki üçer üçer kızartın. hafif kahverengi olana kadar, yaklaşık bir dakika.

e) Emici kağıt üzerine boşaltın: hafifçe soğumaya bırakın ve tümseği bir uçtan dışarı doğru itin.

f) Ricotta'yı çok pürüzsüz olana kadar döverek dolguyu hazırlayın ve ardından içme çikolatası ve pudra şekeri serpin ve iyice karıştırın.

g) Diğer malzemeleri bir miktar kıyılmış badem bırakarak karıştırın. Servis yapmadan hemen önce cannoli'yi ricotta dolgusu ile doldurun ve uçları kavrulmuş kıyılmış bademe daldırın.

39. Kara Orman Cannoli

Yapar: 8

İÇİNDEKİLER:
CANNOLI İÇİN
- 2 büyük yumurta akı
- 1/3 su bardağı şeker
- 1 yemek kaşığı kanola yağı
- 1 yemek kaşığı tereyağı, eritilmiş
- 2 çay kaşığı saf vanilya özü
- 1 yemek kaşığı kakao tozu
- 1/3 su bardağı çok amaçlı un

KAVURMUŞ KİRAZ İÇİN
- 2 bardak taze kiraz, çekirdeksiz
- 1/3 su bardağı şeker
- 2 çay kaşığı mısır nişastası

KREMA İÇİN
- 1 su bardağı soğutulmuş ağır çırpılmış krema
- 1 yemek kaşığı kirsch
- 1 su bardağı pudra şekeri

TALİMATLAR:
a) Fırını 375'e ısıtın.
b) İki fırın tepsisini fırın spreyi ile hafifçe yağlayın; kenara koymak
c) Orta boy bir kapta yumurta akı, şeker, kanola yağı, eritilmiş tereyağı ve vanilyayı çırpın. İyice birleştirilene kadar çırpın.
d) Kakao tozu ve unu ekleyin; Pürüzsüz olana ve topaklar görünmeyene kadar çırpmaya devam edin.
e) Her biri için 3 çay kaşığı meyilli kullanarak, çerezleri 3 inç aralıklarla her fırın tepsisine 4 yığın hamur dökün.
f) Kaşığın arkasıyla her kurabiyeyi yaklaşık 4 inç çapında yayın.
g) 6 ila 7 dakika veya kenarları kahverengileşene kadar pişirin.
h) Ofset bir spatula kullanarak, kurabiyeleri fırın tepsisinden gevşetin ve tüp şekline getirin. Yuvarlak bir metal kap kullanabilir ve kurabiyeleri bunun etrafına sarabilirsiniz.

i) Çerezleri dikiş tarafı aşağı gelecek şekilde yerleştirin ve soğumaya bırakın.
j) Bu arada kirazları hazırlayın.
k) Fırını 400'e ısıtın.
l) Kirazları, şekeri ve mısır nişastasını bir karıştırma kabında birleştirin ve karıştırmak için fırlatın.
m) Bir fırın tepsisine/tabakına aktarın.
n) Her 15 dakikada bir karıştırarak 40 ila 45 dakika veya meyve suları köpürene kadar kavurun.
o) Tamamen soğumaya bırakın ve kullanıma hazır olana kadar buzdolabına koyun.
p) Krem şantiyi hazırlayın.
q) Soğutulmuş ağır çırpılmış krema, Kirsch ve pudra şekerini mikserinizin kasesinde birleştirin.
r) Sert zirveler oluşana kadar karışımı çırpın; kullanıma hazır olana kadar soğutun.
s) Çerezleri Birleştirin
t) Kavrulmuş kirazları ve malzemeleri her bir cannoli kabuğuna eşit olarak bölün.
u) Hazırlanan krem şantiyi yıldız uçlu sıkma torbasına doldurun ve cannoli kabuklarına doldurun.
v) Sert.

ŞEBEKE

40. Kara Orman Jambonu ve Gruyere Tart

1 yaprak donmuş puf böreği, çözülmüş
1 su bardağı dilimlenmiş Kara Orman jambonu
1 su bardağı rendelenmiş Gruyere peyniri
1/4 su bardağı kıyılmış taze maydanoz
3 yumurta
1/2 su bardağı ağır krema
Tatmak için tuz ve karabiber
Talimatlar: Fırını 375 ° F'ye ısıtın. Bir fırın tepsisini parşömen kağıdı ile hizalayın. Milföy hamurunu açın ve hazırlanan fırın tepsisine yerleştirin. Kenarlarda 1 inçlik bir kenarlık bırakarak dilimlenmiş jambonu puf böreği üzerine yerleştirin. Rendelenmiş Gruyere peynirini jambonun üzerine serpin. Bir karıştırma kabında yumurtaları, kremayı, maydanozu, tuzu ve karabiberi çırpın. Yumurta karışımını jambon ve peynirin üzerine dökün. 25-30 dakika veya kabuk altın rengi kahverengi olana ve yumurta karışımı sertleşene kadar pişirin. Dilimlemeden ve servis yapmadan önce birkaç dakika soğumaya bırakın.

41. Kara Orman Mantarlı Risotto

1 su bardağı Arborio pirinci
4 su bardağı tavuk veya sebze suyu
1 su bardağı dilimlenmiş mantar
1/2 bardak doğranmış soğan
2 diş sarımsak, kıyılmış
1/4 su bardağı kıyılmış taze maydanoz
1/4 su bardağı rendelenmiş Parmesan peyniri
1/4 su bardağı ağır krema
1/4 su bardağı kıyılmış pişmiş Kara Orman jambonu
Tatmak için tuz ve karabiber
Yapılışı: Büyük bir tencerede suyu orta ateşte ısıtın. Ayrı bir büyük tencerede 2 yemek kaşığı zeytinyağını orta ateşte ısıtın. Mantar, soğan ve sarımsağı ekleyin ve 5-7 dakika veya sebzeler yumuşayana kadar soteleyin. Pirinci sebzelerle birlikte tavaya ekleyin ve pirinci yağa bulamak için karıştırın. 1 bardak ısıtılmış et suyuna dökün ve sıvı emilene kadar karıştırın. Bir sonraki bardağı eklemeden önce sıvı emilene kadar karıştırarak, her seferinde 1 bardak suyu eklemeye devam edin. Pirinç yumuşak ve kremsi olana kadar yaklaşık 20-25 dakika pişirin. Kıyılmış maydanoz, Parmesan peyniri, ağır krema ve doğranmış jambonu ilave edin. Tatmak için tuz ve karabiber ekleyin.

42. Kara Orman Sığır Yahni

2 lbs sığır aynası, ısırık büyüklüğünde parçalar halinde kesilmiş
1/2 su bardağı un
2 yemek kaşığı zeytinyağı
1/2 bardak doğranmış soğan
2 diş sarımsak, kıyılmış
2 su bardağı et suyu
1 bardak kırmızı şarap
1 yemek kaşığı domates salçası
2 defne yaprağı
1 çay kaşığı kuru kekik
1 çay kaşığı kuru biberiye
1 su bardağı kıyılmış pişmiş Kara Orman jambonu
1 su bardağı çekirdekleri çıkarılmış ve ikiye bölünmüş koyu kiraz
Tatmak için tuz ve karabiber

Talimatlar: Büyük bir karıştırma kabında, iyice kaplanana kadar dana eti unla karıştırın. Zeytinyağını büyük bir Hollanda fırınında orta-yüksek ateşte ısıtın. Sığır eti ekleyin ve her tarafı kızarana kadar yaklaşık 5-7 dakika soteleyin. Sığır eti tavadan çıkarın ve bir kenara koyun. Tavaya soğan ve sarımsağı ekleyin ve 2-3 dakika veya yumuşayana kadar soteleyin. Tavaya et suyu, kırmızı şarap, salça, defne yaprağı, kekik ve biberiyeyi ekleyin. Birleştirmek için iyice karıştırın. Sığır eti tavaya geri koyun ve karışımı kaynatın. Isıyı düşük seviyeye indirin ve üzeri kapalı olarak 1 1/2 ila 2 saat veya sığır eti yumuşayana kadar pişirin. Kıyılmış jambon ve kirazları karıştırın. Tatmak için tuz ve karabiber ekleyin

43. Kara Orman Tavuğu Alfredo

1 kilo fettuccine makarna
2 kemiksiz, derisiz tavuk göğsü
1 yemek kaşığı zeytinyağı
2 diş sarımsak, kıyılmış
1/2 su bardağı kıyılmış pişmiş Kara Orman jambonu
1 su bardağı yoğun krema
1/2 bardak rendelenmiş Parmesan peyniri
1/2 su bardağı çekirdeksiz ve ikiye bölünmüş koyu kiraz
Tatmak için tuz ve karabiber

Yapılışı: Fettuccineyi paketteki tarife göre pişirin. Süzün ve bir kenara koyun. Tavuk göğüslerini tuz ve karabiberle tatlandırın. Büyük bir tavada zeytinyağını orta-yüksek ateşte ısıtın. Tavuk göğsü ekleyin ve her bir tarafını 5-7 dakika veya tamamen pişene kadar pişirin. Tavuğu tavadan çıkarın ve dilimlemeden önce 5 dakika dinlendirin. Sarımsağı ve doğranmış jambonu tavaya ekleyin ve 2-3 dakika veya sarımsak kokulu olana kadar soteleyin. Ağır kremayı dökün ve karışımı kaynama noktasına getirin. Parmesan peynirini ekleyin ve eriyene ve karışana kadar karıştırın. Tavaya dilimlenmiş tavuk ve kirazları ekleyin ve sosu kaplamak için atın. Tatmak için tuz ve karabiber ekleyin. Pişen fettuccinenin üzerine tavukları ve sosu servis edin.

44. Kara Orman Burger

1 lb kıyma
1/4 su bardağı kıyılmış pişmiş Kara Orman jambonu
1/4 bardak doğranmış soğan
1/4 su bardağı çekirdeksiz ve ikiye bölünmüş koyu kiraz
2 yemek kaşığı Worcestershire sosu
1 çay kaşığı kuru kekik
1/2 çay kaşığı sarımsak tozu
Tatmak için tuz ve karabiber
4 hamburger ekmeği
4 dilim İsviçre peyniri
4 yaprak marul
4 dilim domates

Talimatlar: Büyük bir karıştırma kabında kıyma, kıyılmış jambon, soğan, kiraz, Worcestershire sosu, kekik, sarımsak tozu, tuz ve karabiberi birleştirin. Birleştirmek için iyice karıştırın. Karışımı 4 köfte haline getirin. Bir ızgarayı veya ızgara tavasını orta-yüksek ateşte ısıtın. Hamburgerleri her iki tarafta 3-4 dakika veya istediğiniz pişme seviyesine kadar pişene kadar ızgara yapın. Pişirmenin son dakikasında, her burgere bir dilim İsviçre peyniri ekleyin. Hamburger ekmeklerini ızgarada kızartın. Alt çöreğe bir marul yaprağı ve bir dilim domates koyarak burgerleri birleştirin. Bir burger köftesi ve üst çörek ile doldurun.

45. Kara Orman Köfte

1 lb kıyma
1/2 bardak ekmek kırıntısı
1/4 su bardağı kıyılmış pişmiş Kara Orman jambonu
1/4 bardak doğranmış soğan
1/4 su bardağı çekirdeksiz ve ikiye bölünmüş koyu kiraz
1 yumurta
2 yemek kaşığı kıyılmış taze maydanoz
Sosu için:
2 yemek kaşığı tuzsuz tereyağı
2 yemek kaşığı çok amaçlı un
1 su bardağı et suyu
1/4 su bardağı ağır krema
1/4 su bardağı çekirdeksiz ve ikiye bölünmüş koyu kiraz
Tatmak için tuz ve karabiber
Talimatlar: Fırını 375 ° F'ye ısıtın. Büyük bir karıştırma kabında kıyma, galeta unu, doğranmış jambon, soğan, kiraz, yumurta ve maydanozu birleştirin. Birleştirmek için iyice karıştırın. Karışımı küçük köfteler haline getirin ve bir fırın tepsisine yerleştirin. 20-25 dakika veya tamamen pişene kadar pişirin. Küçük bir tencerede, orta ateşte tereyağını eritin. Unu ekleyin ve birleştirmek için çırpın. 1-2 dakika veya karışım altın rengi kahverengiye dönene kadar pişirin. Yavaş yavaş et suyunu çırpın ve karışımı kaynama noktasına getirin. Ağır krema ve kirazları ekleyin ve birleştirmek için karıştırın. 2-3 dakika veya sos kalınlaşana kadar pişirin. Tatmak için tuz ve karabiber ekleyin. Köfteleri sosla birlikte servis edin.

46. kara orman pizzası

1 pound pizza hamuru
1/2 su bardağı pizza sosu
1/2 su bardağı rendelenmiş mozzarella peyniri
1/4 su bardağı kıyılmış pişmiş Kara Orman jambonu
1/4 su bardağı çekirdeksiz ve ikiye bölünmüş koyu kiraz
2 yemek kaşığı kıyılmış taze fesleğen

Talimatlar: Fırını 450 ° F'ye ısıtın. Hafifçe unlanmış bir yüzeyde pizza hamurunu açın. Hamuru bir pizza tepsisine veya fırın tepsisine yerleştirin. Kenarlarda küçük bir kenarlık bırakarak pizza sosunu hamurun üzerine yayın. Rendelenmiş mozzarella peynirini sosun üzerine serpin. Doğranmış jambonu ve vişneleri peynirin üzerine dağıtın. 12-15 dakika veya kabuk altın rengi kahverengi olana ve peynir eriyip kabarcıklı hale gelene kadar pişirin. Fırından çıkarın ve kıyılmış fesleğeni pizzanın üzerine serpin. Dilimleyin ve servis yapın.

47. Kara Orman Çoban Turtası

1 lb kıyma
1/4 su bardağı kıyılmış pişmiş Kara Orman jambonu
1/4 bardak doğranmış soğan
1/4 su bardağı çekirdeksiz ve ikiye bölünmüş koyu kiraz
2 yemek kaşığı Worcestershire sosu
Tatmak için tuz ve karabiber
4 su bardağı patates püresi
1/2 su bardağı rendelenmiş çedar peyniri
Talimatlar: Fırını 375 ° F'ye ısıtın. Büyük bir tavada, kıymayı orta-yüksek ateşte kızarana ve tamamen pişene kadar pişirin. Fazla yağı boşaltın. Tavaya doğranmış jambon, soğan, kiraz, Worcestershire sosu, tuz ve karabiber ekleyin. 2-3 dakika veya soğan yumuşayana kadar pişirin. Et karışımını bir fırın tepsisine aktarın. Patates püresini sığır eti karışımının üzerine yayın ve tamamen kapladığından emin olun. Rendelenmiş kaşar peynirini patateslerin üzerine serpiştirin. 25-30 dakika veya peynir eriyene ve köpürene kadar pişirin. Sıcak servis yapın.

48. Kara Orman Gulaşı

İçindekiler:

2 lbs sığır aynası, 1 inçlik küpler halinde kesin
1 büyük soğan, doğranmış
1 kırmızı dolmalık biber, doğranmış
1 yeşil dolmalık biber, doğranmış
2 diş sarımsak, kıyılmış
2 yemek kaşığı kırmızı biber
1 çay kaşığı kimyon tohumu
1 tatlı kaşığı kuru kekik
1 çay kaşığı kurutulmuş biberiye
1 çay kaşığı tuz
1/2 çay kaşığı karabiber
1 su bardağı et suyu
1 su bardağı kuru kırmızı şarap
2 yemek kaşığı domates salçası
1/4 su bardağı çok amaçlı un
1/4 su bardağı bitkisel yağ
2 yemek kaşığı tereyağı
Paket talimatlarına göre pişirilmiş 1 lb yumurtalı erişte
Servis için ekşi krema ve doğranmış taze maydanoz

Talimatlar:

Büyük bir kapta, iyice kaplanana kadar dana eti un, tuz ve karabiberle atın.
Yağı büyük bir Hollanda fırınında orta-yüksek ateşte ısıtın. Sığır eti ekleyin ve her taraftan yaklaşık 5 dakika kızartın. Sığır eti çıkarın ve bir kenara koyun.
Soğanı, dolmalık biberi ve sarımsağı Hollandalı fırına ekleyin ve yumuşayana kadar yaklaşık 5 dakika soteleyin.
Kırmızı biber, kimyon tohumu, kekik, biberiye ve salçayı ilave edip 1 dakika pişirin.
Sığır eti tencereye geri koyun ve et suyu ile kırmızı şarabı karıştırın. Bir kaynamaya getirin, ardından ısıyı düşük seviyeye indirin ve örtün.
Etler yumuşayıncaya kadar ara sıra karıştırarak 2 saat pişirin.
Tereyağı eriyene ve birleştirilene kadar karıştırın.
Gulaşı pişmiş yumurtalı eriştelerin üzerine servis edin, üzerine bir parça ekşi krema ve kıyılmış taze maydanoz ekleyin.

49. Kara Orman Makarnası

İçindekiler:

Penne veya düdük gibi 1 lb kuru makarna
2 yemek kaşığı zeytinyağı
1 büyük soğan, doğranmış
4 diş sarımsak, kıyılmış
8 ons dilimlenmiş mantar
1 su bardağı dilimlenmiş pişmiş jambon, doğranmış
1 su bardağı yoğun krema
1/2 bardak rendelenmiş Parmesan peyniri
1/2 su bardağı kıyılmış taze maydanoz
Tatmak için biber ve tuz

Talimatlar:

Makarnayı paketteki talimatlara göre pişirin. Süzün ve bir kenara koyun.

Makarna pişerken zeytinyağını büyük bir tavada orta ateşte ısıtın. Soğanı ve sarımsağı ekleyin ve yumuşayana kadar yaklaşık 5 dakika soteleyin.

Mantarları ekleyin ve yumuşayana ve tüm sıvı buharlaşana kadar yaklaşık 8 dakika sotelemeye devam edin.

Jambonu ilave edin ve iyice ısınana kadar 2-3 dakika pişirin.

Ağır kremayı dökün ve kaynatın. Sos hafifçe koyulaşana kadar 2-3 dakika pişirin.

Haşlanmış makarnayı tavaya ekleyin ve sosla kaplamak için fırlatın.

Parmesan peyniri ve maydanozu karıştırın. Tatmak için tuz ve karabiber ekleyin.

İstenirse ilave Parmesan peyniri ve maydanozla süsleyerek sıcak servis yapın.

50. Kara Orman Jambonlu ve Peynirli Kiş

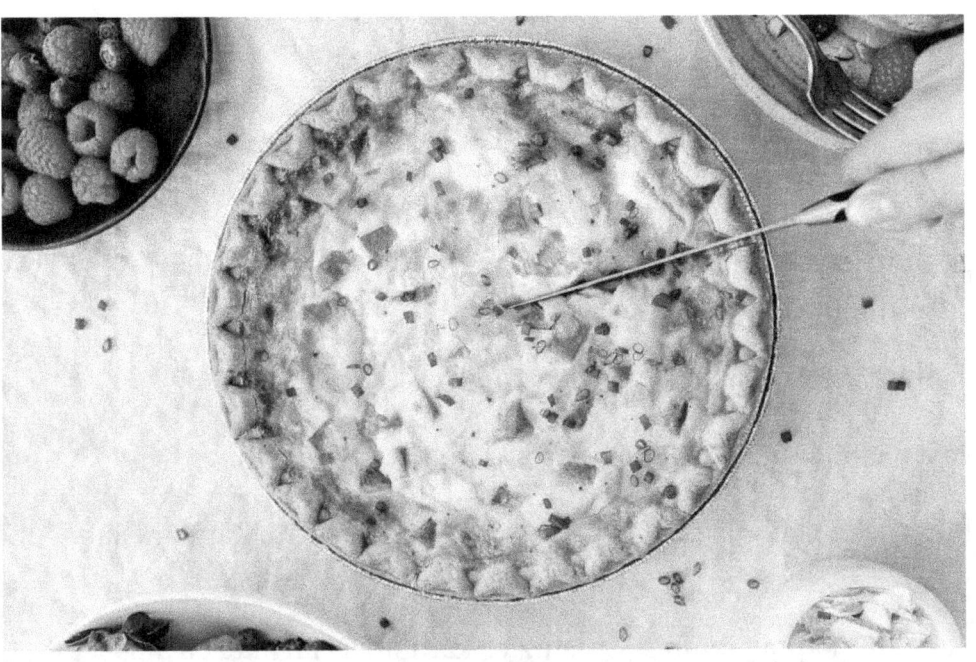

İçindekiler:
1 turta kabuğu
1 su bardağı kıyılmış kara orman jambonu
1 su bardağı rendelenmiş İsviçre peyniri
1/4 su bardağı kıyılmış taze maydanoz
4 yumurta
1 su bardağı süt
1/2 çay kaşığı tuz
1/4 çay kaşığı karabiber
Talimatlar:

Fırını 375 ° F'ye ısıtın.

Pasta kabuğunu 9 inçlik bir pasta tabağına yerleştirin.

Bir kasede jambon, peynir ve maydanozu karıştırın. Karışımı kabuğun üzerine yayın.

Başka bir kapta yumurta, süt, tuz ve karabiberi birlikte çırpın. Karışımı jambon ve peynirin üzerine dökün.

35 ila 40 dakika veya kiş ayarlanana kadar pişirin.

51. Kara Orman Domuz Bonfile

İçindekiler:

2 domuz bonfile
1/2 su bardağı vişne konservesi
1/4 su bardağı kırmızı şarap sirkesi
1 yemek kaşığı Dijon hardalı
2 diş sarımsak, kıyılmış
Tatmak için biber ve tuz
Talimatlar:

Fırını 400 ° F'ye ısıtın.

Domuz bonfilelerini tuz ve karabiberle tatlandırın.

Küçük bir kapta vişne reçeli, kırmızı şarap sirkesi, Dijon hardalı ve kıyılmış sarımsağı karıştırın.

Karışımı domuz bonfile üzerine yayın.

20 ila 25 dakika veya iç sıcaklık 145 ° F'ye ulaşana kadar pişirin.

Dilimlemeden ve servis yapmadan önce domuz etini 5 dakika dinlendirin.

52. Kara Orman Tavuğu

İçindekiler:

4 kemiksiz, derisiz tavuk göğsü
1/2 su bardağı kiraz reçeli
2 yemek kaşığı kırmızı şarap sirkesi
2 diş sarımsak, kıyılmış
Tatmak için biber ve tuz
1/4 su bardağı kıyılmış taze maydanoz
Talimatlar:

Fırını 375 ° F'ye ısıtın.

Tavuk göğüslerini tuz ve karabiberle tatlandırın.

Küçük bir kasede vişne reçellerini, kırmızı şarap sirkesini ve kıyılmış sarımsağı karıştırın.

Karışımı tavuk göğüslerinin üzerine yayın.

25 ila 30 dakika veya iç sıcaklık 165 ° F'ye ulaşana kadar pişirin.

Servis yapmadan önce üzerine taze maydanoz serpin.

53. Kara Orman Tavuk Salatası

İçindekiler:

2 su bardağı haşlanmış ve didiklenmiş tavuk
1/2 su bardağı doğranmış kereviz
1/2 su bardağı doğranmış elma
1/2 su bardağı kuru kiraz
1/4 su bardağı kıyılmış ceviz
1/4 su bardağı mayonez
1/4 su bardağı ekşi krema
1 yemek kaşığı bal
1 çay kaşığı Dijon hardalı
Tatmak için biber ve tuz
Servis için marul yaprakları
Talimatlar:

Büyük bir kapta kıyılmış tavuk, kereviz, elma, kuru kiraz ve kıyılmış cevizleri birleştirin.

Küçük bir kasede mayonez, ekşi krema, bal, Dijon hardalı, tuz ve karabiberi çırpın.

Sosu tavuk karışımının üzerine dökün ve kaplamak için fırlatın.

Tavuklu salatayı marul yaprakları üzerinde servis edin.

TATLI

54. kara orman browni pasta

Yapar: 8 porsiyon

İÇİNDEKİLER:
- ¼ su bardağı eritilmiş tereyağı veya margarin
- 2 ons Şekersiz çikolata, eritilmiş
- ⅔ su bardağı Şeker
- 1 büyük yumurta
- 24 çikolatalı gofret
- ½ su bardağı Semisweet çikolata parçaları,
- ¼ su bardağı Süt
- ½ çay kaşığı vanilya
- ½ su bardağı Çok amaçlı un
- 1 kutu Vişneli turta dolgusu
- 3 yemek kaşığı Tereyağı veya margarin, eritilmiş
- 2 çay kaşığı krem şanti

TALİMATLAR:

a) Tereyağı, çikolata, şeker, yumurta, süt ve vanilyayı birleştirin; iyi döv.

b) Un ve fındık ekleyin; iyi döv. Hamuru kabuğa yayın.

c) 350'F pişirin. üst kısmı kuru görünene ve hafifçe dokunulduğunda sertleşene kadar 18-20 dakika fırınlayın. Serin; buzlanma ile üstüne yayıldı.

d) Muhallebi soğuyunca vişneleri oluklu bir kaşıkla tatlının üzerine aktarın.

ÇİKOLATA KABUK

e) 1¼ su bardağı kırıntı yapmak için çikolatalı gofretleri ince bir şekilde ezin; 9 "turta tepsisine dökün.

f) 3 yemek kaşığı eritilmiş tereyağı veya margarin ile karıştırıp tavanın dibine ve üstüne sıkıca bastırın.

g) 350'F pişirin. Kenarları daha koyu kahverengi olana kadar fırınlayın, 8-10 dakika, soğutun.

BUZLANMA

h) 1 ila 1 ½ litrelik bir tavada kısık ateşte, ½ su bardağı yarı tatlı çikolatalı pişirme yongalarını 2 yemek kaşığı krem şanti ile pürüzsüz olana kadar karıştırın.

i) Sıcak kullanın.

55. kara orman keki

Yapar: 10 Porsiyon

İÇİNDEKİLER:
- 1 paket çikolatalı kek karışımı
- 1 21 oz konserve vişneli turta dolgusu
- ¼ fincan Yağ
- 3 yumurta
- Vişneli Buzlanma

TALİMATLAR:
a) Karıştırın ve yağlanmış bir Bundt kalıbına dökün.
b) 350ø'de 45 dakika pişirin.
c) Tavada 30 dakika soğumaya bırakın, sonra çıkarın.

56. Karaorman pastası

Yapar: 8 Porsiyon

İÇİNDEKİLER:
- 3 büyük Yumurta
- 4½ ons Pudra şekeri (granül)
- 3 ons Sade un
- ½ ons Kakao tozu
- 1 kutu (15 ons) siyah kiraz
- 2 çay kaşığı Ararot
- 1-pint Çift krema (en fazla)
- 3 yemek kaşığı Kirsch veya brendi
- 3 Cadbury gevreği

TALİMATLAR:

a) Yumurtaları ve şekeri çok soluk ve çok kalın olana ve çırpıcı kaldırıldığında iz bırakana kadar birlikte çırpın. Un ve kakaoyu iki kez birlikte eleyin ve yumurta karışımına ekleyin. Yağlanmış ve astarlanmış 23cm/9" yuvarlak derin kek kalıbına dökün.

b) 375F'de yaklaşık 30 dakika veya dokunana kadar pişirin. Bir tel raf üzerinde soğutun.

c) Kek soğuyunca üç kat olacak şekilde kesin. Şurup kutusunu ayırarak kirazları boşaltın. Yarım litre şurubu (gerekirse su ekleyerek) bir tencerede ara kökle karıştırın ve karıştırarak kaynatın. Kalınlaşana ve berraklaşana kadar pişirin.

d) Kirazları ikiye bölün, çekirdeklerini (çekirdeklerini) çıkarın ve birkaç tanesini süslemek için ayırarak tavaya ekleyin. Serin. Kremayı koyulaşana kadar çırpın.

e) Alt kek katını servis tabağına alın ve üzerine vişneli karışımın yarısını ve bir kat daha kremayı yayın. İkinci kek tabakası ile örtün. Kirsch veya brendi serpin, ardından kalan vişne karışımını ve başka bir krema tabakasını üzerine yayın. Kekin üst katını kremanın üzerine dikkatlice yerleştirin.

f) Kremadan birazını süslemek için ayırıp kalanını pastanın üstüne ve kenarlarına yayın. Üstte dekoratif bir desen yapın. Çikolatayı rendeleyin veya rendeleyin ve çoğunu pastanın kenarlarına bastırın.

g) Ayrılmış kremayı pastanın üzerine sıkın ve kalan çikolata ve ayrılmış kirazlarla süsleyin. Servis yapmadan önce pastayı 2-3 saat bekletin.

57. kara orman parfe

Yapar: 6 Porsiyon

İÇİNDEKİLER:
- 3 ons Neufchatel krem peynir
- 2 su bardağı soğuk yağsız süt
- 3 ons paket Jell-O çikolatalı puding
- 1 yemek kaşığı mısır nişastası
- ⅓ su bardağı Kiraz suyu
- 1 kutu çekirdekleri çıkarılmış kırmızı vişne
- 1 pound su
- 6 paket Eşit tatlandırıcı

TALİMATLAR:

a) Krem peyniri ¼ bardak sütle elektrikli karıştırıcının düşük hızında pürüzsüz olana kadar karıştırın. Kalan süt ve puding karışımını ekleyin. 1 veya 2 dakika veya pürüzsüz olana kadar karıştırın.

b) Nişastayı vişne suyunda eriyene kadar karıştırın. Kirazlara ekleyin ve 1 dakika kaynayana kadar pişirin.

c) Ateşten alın ve Equal'da karıştırın.

d) Alternatif olarak puding ve vişneleri parfe tabaklara kaşıkla koyun ve pudingle bitirin. 2 kiraz ile süsleyin.

58. Kara Orman Kek Dondurma

Yapar: yaklaşık 1 litre

İÇİNDEKİLER:
- ⅔ bardak ½ inç kırıntılar
- ¼ fincanAkışkan çikolata sosusoğutulmuş
- ½ su bardağı Amarena kirazı
- 1¼ su bardağı ağır krema
- 2 yemek kaşığı mısır nişastası
- 3 ons (6 yemek kaşığı) krem peynir, yumuşatılmış
- ¼ çay kaşığı ince deniz tuzu
- ⅔ su bardağı şeker
- 2 yemek kaşığı hafif mısır şurubu
- 2 su bardağı ayran, tam yağlı süt veya %2 süt

TALİMATLAR:
a) Kek parçalarını küçük bir kaseye koyun, çikolata sosunu ekleyin ve kaplamak için hafifçe karıştırın, ardından Amarena kirazlarını ekleyin ve eşit şekilde dağıtmak için karıştırın. Dondurmayı yaparken dondurun. (Kek karışımı 1 aya kadar dondurulabilir.)

b) Pürüzsüz bir bulamaç yapmak için küçük bir kapta yaklaşık ¼ fincan kremayı mısır nişastasıyla karıştırın.

c) Krem peynir ve tuzu orta boy bir kapta pürüzsüz olana kadar çırpın.

d) Büyük bir kaseyi buz ve suyla doldurun.

e) Kalan kremayı, şekeri ve mısır şurubunu 4 litrelik bir tencerede birleştirin, orta-yüksek ateşte kaynatın ve 4 dakika kaynatın. Ateşten alın ve yavaş yavaş mısır nişastası bulamacında çırpın. Karışımı orta-yüksek ateşte tekrar kaynatın ve ısıya dayanıklı bir spatula ile karıştırarak yaklaşık 20 saniye hafifçe koyulaşana kadar pişirin. Ateşten alın.

f) Soğutma Sıcak süt karışımını krem peynire yavaş yavaş pürüzsüz olana kadar çırpın, ardından ayranı ekleyin. Karışımı 1 galonluk Kilitli bir torbaya dökün ve kapalı torbayı buz banyosuna daldırın. Yaklaşık 30 dakika soğuyana kadar gerektiği kadar buz ekleyerek bekletin.

g) Dondur Dondurulmuş kutuyu dondurucudan çıkarın, dondurma makinenizi monte edin ve çalıştırın. Dondurma tabanını kutuya dökün ve kalın ve kremsi olana kadar döndürün.

h) Dondurmayı ve küçük bir kaşık kek karışımını dönüşümlü olarak bir saklama kabına koyun. Doğrudan yüzeye bir parşömen yaprağı bastırın ve hava geçirmez bir kapakla kapatın. Dondurucunuzun en soğuk bölümünde sertleşene kadar en az 4 saat dondurun.

59. kara orman sufle

Yapar: 1 Porsiyon

İÇİNDEKİLER:
- 16 ons Vişne çekirdeksiz, Süzülmüş
- 5 yemek kaşığı Brendi (isteğe bağlı)
- 4 Kare Fırında Çikolata
- 2 Zarf tatlandırılmamış Jelatin
- 3 Yumurta, ayrılmış
- 1 kutu (14 ons) tatlandırılmış yoğunlaştırılmış Süt
- 1½ çay kaşığı Vanilya
- 1 su bardağı milföy

TALİMATLAR:
a) Kirazları doğrayın ve brendi (veya vişne sıvısı) ile marine edin. Jelatini ½ su bardağı vişne suyuna batırın.

b) Yumurta sarısını hafifçe çırpın; şekerli süt ve jelatini karıştırın. Jelatin eriyene kadar kısık ateşte ısıtın; çikolatayı ekleyin ve eriyene kadar ısıtın ve karışım biraz kalınlaşsın. Kiraz ve vanilyayı karıştırın; Karışım bir kaşıktan düştüğünde hafifçe topaklanana kadar soğutun.

c) Milnot ve yumurta aklarını, karışım sert zirveler tutana kadar çırpın.

d) Jelatin karışımına katlayın. 3 inç yakalı 1 litrelik bir sufle tabağına dökün. Sertleşene kadar birkaç saat veya gece boyunca soğutun. Yakayı çıkarın; kiraz, çikolata bukleler veya çırpılmış sos ile süsleyin.

60. Kara orman önemsememek

Yapar: 8 porsiyon

İÇİNDEKİLER:
- 4½ su bardağı Süt
- 3 Kare (her biri 1 ons) Şekersiz Çikolata
- ⅓ su bardağı mısır nişastası
- ½ bardak) şeker
- ¼ çay kaşığı Tuz
- 2 çay kaşığı Vanilya Özü
- 2 su bardağı Kurabiye kırıntısı
- 20 ons Kirazlı Turta Doldurulabilir

TALİMATLAR:

a) 4 su bardağı sütü büyük, ağır bir tencereye koyun. Şekersiz çikolata ekleyin ve tencerenin kenarlarında süt üzerinde kabarcıklar oluşana kadar dikkatlice izleyerek orta ateşte ısıtın.

b) Ateşten alın ve bir kenara koyun. 2. Mısır nişastası, şeker, tuz ve kalan ½ su bardağı sütü küçük bir kaseye koyun. Küçük bir çırpma teli kullanarak mısır nişastası karışımını tüm kuru malzemeler nemlenene ve topak kalmayana kadar karıştırın. Karışımı sıcak süte eklemeden hemen önce iyice karıştırdığınızdan emin olun.

c) Büyük bir tel çırpıcı kullanarak, bir tencerede sıcak süt karışımını karıştırarak, mısır nişastası-süt karışımını yavaş yavaş ekleyin. Tencereyi tekrar ısıtın ve orta ateşte sürekli karıştırarak süt karışımı kaynamaya başlayana kadar pişirin. Sürekli karıştırarak 1 dakika daha kaynatın.

d) Ateşten alın ve vanilya özünde karıştırın. (Kısa bir süre durmanız gerekiyorsa, kabuk tutmaması için pudingin yüzeyine bir parça streç film koyun.) Çikolatalı pudingin ⅓'ünü 2 litrelik bir sufle, tabağına veya şık bir cam kaseye kaşıkla koyun. Çerez kırıntılarının ⅓'ü ile doldurun.

e) ½ su bardağı vişneli turta dolgusunu bir kenara ayırın. Kalan dolgunun yarısını bir kasedeki kırıntıların üzerine yavaşça kaşıklayın. Katmanlamayı çikolatalı pudingin üçte biri, kırıntılar, kalan vişneli turta dolgusu ve kalan çikolatalı pudingle tekrarlayın.

f) Kenarlık oluşturmak için kalan kurabiye kırıntılarını çikolatalı pudingin etrafına kaşıklayın. Çikolatalı puding tabakasını kalan ½ fincan vişneli turta dolgusu ile ortasına yerleştirin.

g) Puding iyice soğuyuncaya kadar - 5 ila 6 saat arası buzdolabında bekletin.

61. kara orman tiramisu

Yapar: 3

İÇİNDEKİLER:
KİRAZ DOLU İÇİN
- ½ su bardağı vişne suyu veya şurubu
- 1 su bardağı çekirdekleri çıkarılmış kiraz
- 1 yemek kaşığı mısır unu
- 2 yemek kaşığı şeker

KAHVE KARIŞIMI İÇİN
- 2 yemek kaşığı hazır kahve
- 1 su bardağı sıcak su

MASCARPONE KREMİ İÇİN
- 200 ml ağır krema
- 250 gr mascarpone
- 6-8 yemek kaşığı pudra şekeri
- 1 çay kaşığı vanilya özü

MONTAJ İÇİN
- 15 adet kedi dili bisküvi yakl. 100 gram
- çikolata sosu
- koyu çikolata talaşı
- üzerine serpmek için kakao tozu
- garnitür için taze veya kavanozlanmış kirazlar

TALİMATLAR:

a) 2 yemek kaşığı vişne suyu/şerbetini vişnelerle birlikte şeker ve mısır unu ile karıştırarak vişne dolgusunu hazırlayın.

b) Kalan vişne suyunu kaynama noktasına getirin ve ardından vişnelerinizi ekleyin. Sıvı koyulaşana ve kirazlar biraz lapa gibi olana kadar kısık ateşte karıştırın. Soğuması için kenarda bekletin.

c) Hazır kahveyi sıcak su ile karıştırarak kahvenizi hazırlayın ve soğuması için bir kenarda bekletin. Hazır kahve yerine espresso kapsülleri de kullanabilirsiniz. Bir fincan kahveye ihtiyacın var.

d) Soğuk bir kapta, ağır kremanızı orta zirvelere kadar çırpın. Ardından mascarpone, pudra şekeri ve vanilya özünü ekleyin. Her şey kremsi ve pürüzsüz olana kadar çırpın.

e) Her şey soğuduğunda montaja başlayın. Üç orta-büyük boy çeşitli bardak kullanıyorum. Tercih ettiğiniz herhangi birini kullanabilirsiniz.

f) Ladyfingers'ı kahveye batırarak başlayın. Bir saniyeden fazla smaç basmamalısın. Çok çabuk yumuşar ve yumuşarlar. Artı, üstte mascarpone ile yumuşamaya devam edecekler. Servis bardaklarınız için büyüklerse kedi parmaklarını kırın. Altta ihtiyacınız olduğu kadar kedi parmağıyla bir taban yapın.

g) Daha sonra üzerine biraz mascarpone kreması gezdirin. Dilediğiniz kadar çikolata sosu gezdirin. Sonra bir kat kiraz ekleyin. Kahveye batırılmış başka bir kedi dili tabanı ve ardından mascarpone kreması ile tekrarlayın.

h) Kakao tozu serpin ve biraz çikolata talaşı serpin. Üzerine taze bir kiraz ekleyin. Dekorasyon için Kokteyl Kirazlarını bu kadar kullanan bulamadım.

i) Servis yapmadan önce 2-3 saat buzdolabında bekletin. soğuğun tadını çıkarın!

62. Kara Orman Meyveli Chia Puding

Yapar: 1

İÇİNDEKİLER:
- 2 yemek kaşığı chia tohumu
- ½ su bardağı (120 ml) şekersiz badem sütü
- 1 çay kaşığı akçaağaç şurubu
- ½ çay kaşığı vanilya özü
- ⅓ su bardağı (65 g) dondurulmuş orman meyvesi meyveleri, çözülmüş
- 1 yemek kaşığı vegan doğal hindistancevizi yoğurdu
- 1 yemek kaşığı granola

TALİMATLAR:
a) Chia Puding: Küçük bir kapta chia tohumlarını, badem sütünü, akçaağaç şurubunu ve vanilya özünü çırpın. 10 dakika bekletin ve biraz kalınlaşmasına izin verin. 10 dakika sonra, oluşmuş olabilecek topakları gidermek için tekrar çırpın ve tohumları sütün her yerine eşit şekilde dağıtın.
b) Chia pudingi hava geçirmez bir kaba dökün ve buzdolabında en az bir saat, tercihen bir gece bekletin.
c) Kara Orman Yoğurdu: Bu arada kara orman yoğurdu yapın. Dokudan memnun kalana kadar meyveleri bir çatalla ezin. Alternatif olarak, küçük bir blender kullanabilirsiniz. Daha sonra yoğurdu püre haline gelene kadar karıştırın. Üzerini örtün ve chia pudinginiz koyulaşana kadar buzdolabında saklayın.
d) Malzemeler: Servise hazır olduğunda, chia pudinginin üzerine bir kaşık kara orman yoğurdu koyun ve üzerine biraz kıtır kıtır granola serpin. Ayrıca benimkini taze kirazlarla doldurmayı da seviyorum.

63. kara orman köpüğü

Yapar: 10 porsiyon

İÇİNDEKİLER:
- 1 ons Şekersiz çikolata; eritmek
- 14 ons Şekerli yoğunlaştırılmış süt
- 1 su bardağı Soğuk su
- 1 paket Çikolatalı hazır puding; 4 porsiyon boyutu
- ¾ çay kaşığı Badem özü
- 2 bardak Ağır krema; çırpılmış
- 21 ons Vişneli turta dolgusu; sakin olmak

TALİMATLAR:
a) Büyük bir kapta çikolatayı şekerli yoğunlaştırılmış sütle çırpın.
b) Suda çırpın, ardından puding karışımı ve ½ çay kaşığı özü. 5 dakika dondurun. Çırpılmış kremaya katlayın.
c) 10 tatlı tabağına eşit porsiyonlar halinde paylaştırın.
d) Kalan ¼ çay kaşığı özü vişneli turta dolgusuna karıştırın; tatlıların üzerine kaşıkla.

64. Kara Orman Cannoli

Yapar: 8

İÇİNDEKİLER:
CANNOLI İÇİN
- 2 büyük yumurta akı
- ⅓ su bardağı şeker
- 1 yemek kaşığı kanola yağı
- 1 yemek kaşığı tereyağı, eritilmiş
- 2 çay kaşığı saf vanilya özü
- 1 yemek kaşığı kakao tozu
- ⅓ fincan çok amaçlı un

KAVURMUŞ KİRAZ İÇİN
- 2 bardak taze kiraz, çekirdeksiz
- ⅓ su bardağı şeker
- 2 çay kaşığı mısır nişastası

KREMA İÇİN
- 1 su bardağı soğutulmuş ağır çırpılmış krema
- 1 yemek kaşığı kirsch
- 1 su bardağı pudra şekeri

TALİMATLAR:
w) Fırını 375'e ısıtın.
x) İki fırın tepsisini fırın spreyi ile hafifçe yağlayın; kenara koymak
y) Orta boy bir kapta yumurta akı, şeker, kanola yağı, eritilmiş tereyağı ve vanilyayı çırpın. İyice birleştirilene kadar çırpın.
z) Kakao tozu ve unu ekleyin; Pürüzsüz olana ve topaklar görünmeyene kadar çırpmaya devam edin.
aa) Her biri için 3 çay kaşığı meyilli kullanarak, çerezleri 3 inç aralıklarla her fırın tepsisine 4 yığın hamur dökün.
bb) Kaşığın arkasıyla her kurabiyeyi yaklaşık 4 inç çapında yayın.
cc) 6 ila 7 dakika veya kenarları kahverengileşene kadar pişirin.
dd) Ofset bir spatula kullanarak, kurabiyeleri fırın tepsisinden gevşetin ve onları tüp şekline getirin. Yuvarlak bir metal kap kullanabilir ve kurabiyeleri bunun etrafına sarabilirsiniz.

ee) Çerezleri dikiş tarafı aşağı gelecek şekilde yerleştirin ve soğumaya bırakın.
ff) Bu arada kirazları hazırlayın.
gg) Fırını 400'e ısıtın.
hh) Kirazları, şekeri ve mısır nişastasını bir karıştırma kabında birleştirin ve karıştırmak için fırlatın.
ii) Bir fırın tepsisine/tabakına aktarın.
jj) Her 15 dakikada bir karıştırarak 40 ila 45 dakika veya meyve suları köpürene kadar kavurun.
kk) Tamamen soğumaya bırakın ve kullanıma hazır olana kadar buzdolabına koyun.
ll) Krem şantiyi hazırlayın.
mm) Soğutulmuş ağır çırpılmış krema, Kirsch ve pudra şekerini mikserinizin kasesinde birleştirin.
nn) Sert zirveler oluşana kadar karışımı çırpın; kullanıma hazır olana kadar soğutun.
oo) Çerezleri Birleştirin
pp) Kavrulmuş kirazları eşit şekilde bölün ve her bir cannoli kabuğuna doldurun.
qq) Hazırladığınız krem şantiyi yıldız uçlu sıkma torbasına doldurun ve cannoli kabuklarına sıkın.
rr) Sert.

65. Kara Orman Pastası

İÇİNDEKİLER

- 0,25 su bardağı tereyağı
- 0,25 su bardağı damla çikolata
- 1 donmuş derin tabak turta kabuğu
- 1 su bardağı pişmiş tatlı tepesi
- 2 yumurta
- 2 yemek kaşığı un
- ⅓ su bardağı süt
- ⅓ fincan şekersiz kakao tozu
- ¾ su bardağı beyaz şeker

TALİMATLAR

a) FIRINI ÖNCEDEN 350 derece F'ye (180 derece C) ISITIN.
b) Orta boy bir tencerede şeker, kakao ve unu KARIŞTIRIN.
c) Süt ve tereyağı ekleyin. Sürekli karıştırarak kaynatın.
d) Ateşten alın. Çırpılmış yumurtalara az miktarda sıcak dolguyu karıştırın. Tüm yumurta karışımlarını tencereye geri koyun ve karıştırmak için sürekli çırpın. Vişneli turta dolgusunun yarısını ve çikolata parçacıklarını katlayın.
e) Dolguyu pasta kabuğuna dökün ve 35-40 dakika veya sertleşene kadar pişirin. En az bir saat soğutun ve soğutun.
f) SPOON, turtanın üzerine çırpılmış kremayı sürün, ardından kalan vişneli turta dolgusunu ustaca üstüne yerleştirin.

66. kara orman turtası

İÇİNDEKİLER

- ½ fincan tereyağı
- 21 ons konserve vişneli turta dolgusu
- 1¼ bardak çikolatalı gofret kırıntıları
- 3 yumurta
- ⅔ su bardağı un
- 1 yemek kaşığı ağır çırpılmış krema
- ¼ çay kaşığı tuz
- 2 ons yarı tatlı çikolata
- ⅔ su bardağı şeker
- 1 çay kaşığı vanilya özü

TALİMATLAR

a) Küçük bir kapta gofret kırıntılarını ve şekeri birleştirin; tereyağında karıştırın. Hafifçe yağlanmış bir 11-in'in altına ve kenarlarına bastırın. çıkarılabilir tabanlı yivli tart tavası.
b) Tavayı bir fırın tepsisine yerleştirin.
c) 350°'de 8-10 dakika veya hafifçe kızarana kadar pişirin. Bir tel raf üzerinde soğutun.
d) Mikrodalgada tereyağı ve çikolatayı eritin; pürüzsüz olana kadar karıştırın. 10 dakika soğutun. Büyük bir kapta yumurtaları, şekeri, vanilyayı ve tuzu koyulaşana kadar yaklaşık 4 dakika çırpın. Çikolata karışımında karıştırın. Unu karıştırın ve iyice karıştırın.
e) Kabuğa dökün; eşit olarak yayıldı.
f) 350°'de 25-30 dakika veya ortasına batırdığınız bir kürdan temiz çıkana kadar pişirin. Bir tel raf üzerinde tamamen soğutun.
g) En üste pasta dolgusunu yayın.
h) Mikrodalgada çikolata ve kremayı eritin; pürüzsüz olana kadar karıştırın. Ara sıra karıştırarak 5 dakika soğutun.
i) Tartın üzerine gezdirin. Ayarlanana kadar soğutun.

67. Kekli Kara Orman dondurmaları

Yapar: 4

İÇİNDEKİLER
DONDURMA İÇİN
- 568ml kap tek krem
- 140 gr pudra şekeri
- 4 yumurta sarısı
- ½ çay kaşığı vanilya özü
- 200g bitter çikolata (%70 kakao), artı süslemek için ekstra

VİŞNE SOSU İÇİN
- 1/2 400g konserve kiraz
- 2 yemek kaşığı kirsch veya brendi

HİZMET ETMEK
- 148ml çift krema
- 2 çay kaşığı pudra şekeri
- 2 kek karesi

BROWNİLER İÇİN
- 200 gr tereyağı
- 175 gr esmer şeker
- 140 gr toz şeker
- 4 yumurta
- 50 gr öğütülmüş badem
- 50 gr sade un
- 200 gr bitter çikolata

TALİMATLAR:

a) Dondurma için kremayı bir tencereye alıp kaynama noktasına getirin. Şeker, yumurta sarısı ve vanilyayı birlikte çırpın. Üzerine 2 yemek kaşığı kremayı dökün ve yumurtalı karışıma yedirin.

b) Yumurtalı karışımı kremanın olduğu tavaya dökün, altını kısın ve tahta kaşıkla sürekli karıştırarak muhallebi kaşığın arkasını kaplayana kadar birkaç dakika pişirin.

c) Çikolatayı mikrodalgada 1 dakika yüksekte eritin, ardından muhallebi kasesine karıştırın. Muhallebi soğuduğunda, üreticinin talimatlarına göre bir dondurma makinesinde çalkalayın.

d) Sosu yapmak için kirazları süzün, sıvıyı ayırın ve bir kenara koyun. Sıvıyı kirsch veya brendi ile bir tencereye koyun ve 5 dakika veya şurup kıvamına gelene kadar pişirin. Kirazları ısıtmak için tavaya geri koyun.

e) Dondurmaları birleştirmek için, kremayı pudra şekeri ile yumuşak zirveler oluşana kadar çırpın. Kekleri ısırık büyüklüğünde parçalar halinde kesin, ardından 4 bardağın altına bir avuç koyun. Dondurmayı üstüne toplayın, ardından vişne ve sosla gezdirin. Krem şanti ile doldurun ve rendelenmiş çikolata ile dağıtın.

f) BROWNİLER İÇİN: Fırını 180C/fan 160C/gaz 4'e ısıtın, ardından 20 cm'lik kare kek kalıbını yağlayın ve döşeyin. Tereyağı ve bitter çikolatayı bir tavada eriyene kadar ısıtın. Koyu kahverengi şeker ve toz şekeri karıştırın. 5 dakika soğumaya bırakın, ardından yumurtaları karıştırın.

g) Bademleri ve unu karıştırın. Kalıba dökün ve üzeri kızarana kadar 30-35 dakika pişirin.

68. Kara Orman Huş Ağacı

Yapar: 4

İÇİNDEKİLER
- 2 küçük armut, rendelenmiş
- 10 yemek kaşığı (60 gr) yulaf ezmesi
- 1 yemek kaşığı kakao tozu veya kakao tozu
- 200g yoğurt, artı 4 yemek kaşığı
- 5 yemek kaşığı süt
- 1 yemek kaşığı akçaağaç şurubu veya bal, artı servis için ekstra (isteğe bağlı)
- 200 gr kiraz, ikiye bölünmüş ve çekirdekleri çıkarılmış
- 2 kare bitter çikolata

TALİMATLAR:
a) Armut, yulaf, kakao, yoğurt, süt ve akçaağaç şurubunu bir kapta karıştırın. Dört kase (veya işe götürüyorsanız kaplar) arasında bölün.

b) İsterseniz her porsiyonu biraz kiraz, 1 çorba kaşığı yoğurt ve biraz ekstra akçaağaç şurubu ile doldurun. Çikolatayı Bircher'ın üzerine ince bir şekilde rendeleyin ve her porsiyona hafif bir toz serpin.

c) Hemen yiyin veya buzdolabında 2 güne kadar soğutun.

69. Kara Orman Pavlova

İÇİNDEKİLER

- 4 büyük yumurta akı
- 1 tutam tuz
- 225 gr pudra şekeri
- 2 yemek kaşığı toz kakao
- 1 çay kaşığı kırmızı şarap sirkesi
- 50 gr bitter çikolata, rendelenmiş
- 300 ml krema veya krem şanti
- 2 yemek kaşığı kirsch, isteğe bağlı
- 450 gr çekirdekleri çıkarılmış kiraz
- 25 gr bitter çikolata, rendelenmiş

TALİMATLAR:

a) Fırını 150°C/Gas Mark 2'ye önceden ısıtın ve büyük bir fırın tepsisini parşömenle kaplayın.

b) Yumurta aklarını ve tuzu sertleşene kadar çırpın, ardından yavaş yavaş şekeri ekleyin ve her ekleme arasında iyice çırpın. Kalın, parlak bir bezeniz olmalı. Kakao ve sirkeyi çırpın ve doğranmış çikolatayı büyük bir metal kaşıkla karıştırın.

c) Yağlı kağıt serili fırın tepsisine bezeleri yuvarlak olacak şekilde, dış kenarlarını biraz daha yüksek olacak şekilde doldurun. 1 saat ila 1 saat, 15 dakika veya beze dışı gevrek, içi hatmi olana kadar fırında pişirin. Fırını kapatın ve bezeyi fırının kapağı kapalı olarak içeride tamamen soğumaya bırakın. Akşam yapıp bir gece soğumaya bırakmak en kolayı.

d) Servise hazır olduğunuzda, kremayı katılaşana kadar çırpın ama kurumasın ve kirsch'i ekleyin ve tekrar çırpın. Kremayı bezenin üzerine koyun ve biraz yayın. Çekilmiş kirazları üzerine dağıtın ve rendelenmiş çikolata ile süsleyin.

70. Kara Orman Ayakkabıcı

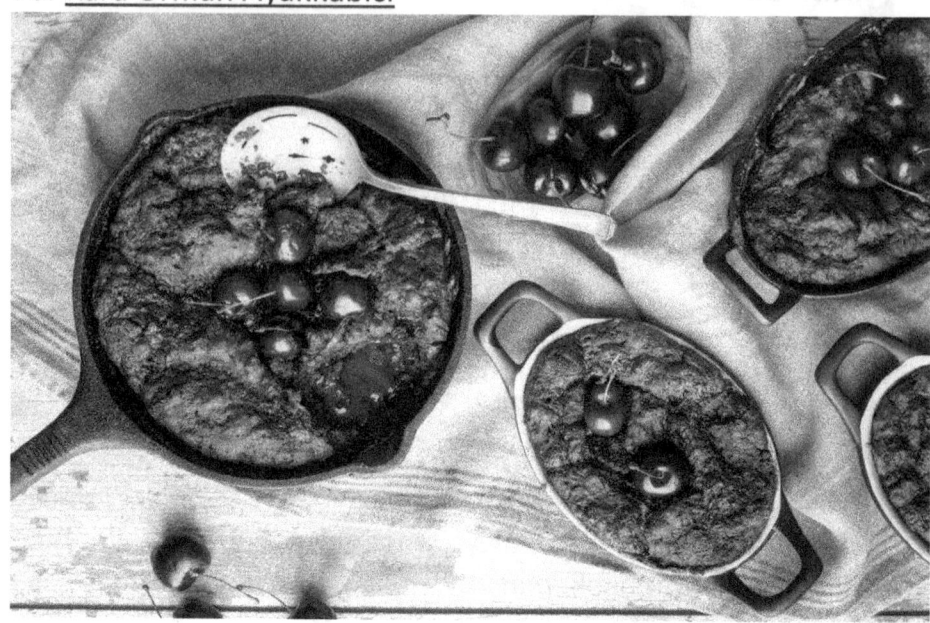

Yapar: 6

İÇİNDEKİLER
- ½ bardak) şeker
- 1 yemek kaşığı mısır nişastası
- 7 su bardağı çekirdeksiz kırmızı vişne, (yaklaşık 2 pound)
- ¼ çay kaşığı badem özü
- ¾ bardak çok amaçlı un
- ¼ fincan pişirme kakao
- 1 yemek kaşığı şeker
- 1 ½ çay kaşığı kabartma tozu
- ½ çay kaşığı tuz
- 3 yemek kaşığı tereyağ veya margarin
- ½ su bardağı süt
- İsteğe göre kaymak veya dondurma

TALİMATLAR:
a) Fırını 400 ° F'ye ısıtın. 2 litrelik bir tencerede ½ su bardağı şeker ve mısır nişastasını karıştırın. Kirazları karıştırın. Karışım koyulaşana ve kaynayana kadar sürekli karıştırarak orta ateşte pişirin. 1 dakika kaynatın ve karıştırın. Badem özünü karıştırın. Yağlanmamış 2 litrelik bir güveç içine dökün; fırında sıcak tutun.

b) Küçük bir kapta un, kakao, 1 yemek kaşığı şeker, kabartma tozu ve tuzu karıştırın. Karışım ince kırıntılar gibi görünene kadar bir pasta karıştırıcı veya çapraz 2 bıçak kullanarak tereyağını kesin. Sütü karıştırın. Hamuru 6 kaşık kadar sıcak meyve karışımının üzerine bırakın.

c) 25 ila 30 dakika boyunca veya tepesi ayarlanana kadar açıkta pişirin. Krema ile sıcak servis yapın. ikame

71. Kara Orman Şekerlemesi

Yapar: 32 porsiyon

İÇİNDEKİLER
- 3 su bardağı toz şeker
- ¾ su bardağı 1 ½ çubuk tuzsuz tereyağı, doğranmış
- 1 5 ons buharlaştırılmış süt kutusu
- 2 su bardağı bitter çikolata parçaları
- 1 7 onsluk hatmi tüyü kavanozu
- 1 çay kaşığı vanilya özü
- bir tutam tuz
- ½ su bardağı kuru kiraz
- ¾ fincan donmuş çırpılmış tepesi çözülmüş
- ½ su bardağı ikiye bölünmüş maraschino kirazı
- 2 yemek kaşığı kabaca doğranmış bitter çikolata

TALİMATLAR
a) 9 inçlik kare bir fırın tepsisini folyo ile kaplayın ve pişirme spreyi ile hafifçe yağlayın. Kenara koyun.

b) Orta boy bir tencerede şeker, tereyağı ve buharlaştırılmış sütü birleştirin. Orta-yüksek ateşte ayarlayın ve sık sık karıştırarak yaklaşık 5 dakika kaynayana kadar pişirin.

c) Ateşten alın ve tamamen eriyene ve tamamen pürüzsüz hale gelene kadar çikolata parçaları, hatmi tüyü, vanilya özü ve tuz ekleyin. Kurutulmuş kirazları karıştırın, hazırlanan tavaya dökün ve eşit şekilde yayın. Hafifçe soğumaya bırakın ve ardından plastik sargıyla örtün. Sertleşene kadar buzdolabında yaklaşık 1 saat soğutun. En üste hazırladığınız muhallebiyi dökün ve kaşıkla çevirin. En üste ikiye bölünmüş kirazları koyun ve çikolatayı serpin.

d) En az 2 saat veya tamamen sertleşene kadar bir kez daha soğutun. Dilimleyin ve servis yapın. Artıklar buzdolabında, plastiğe sarılarak 4 güne kadar saklanabilir.

72. Kara Orman Zuccotto

Yapar: 8

İÇİNDEKİLER
- 1 su bardağı krem şanti
- 1-2 yemek kaşığı şeker
- 1 12-14 ons kutu vişneli turta dolgusu
- 3 yemek kaşığı rendelenmiş bitter çikolata
- 1 inç dokuz pişmiş çikolatalı kek

TALİMATLAR
a) Pastayı ikiye bölün ve pişirme spreyi sıktığınız 8 inçlik bir kaseye bastırın ve ardından kenarlarından sarkan plastik sargıyla kaplayın.
b) Plastik sargı içerideyken, üst kubbeyi oluşturmak için pastayı kasenin kenarlarına mümkün olduğunca YUKARI bastırın.
c) Kiraz kutusuna koyun.
d) Kremayı bir kaba alın ve krem şanti olana kadar çırpın. Şekeri de damak zevkinize göre ekleyin ben daha az tatlı krem şanti tercih ediyorum çünkü pastanın içi çok tatlı oluyor.
e) Çırpılmış kremayı kirazların üzerine pastanın içine yerleştirin.
f) Bitter çikolata parçalarını çırpılmış kremanın üzerine serpin.
g) Pastanın altını üstüne yerleştirin ve üzerine oturana kadar fazlalıkları kesin. Sıkıca bastırın, ancak her şeyin bir parça çıkması için çok sıkı değil! Ardından, kalan plastik sargınız varsa, kasenin kenarlarından çıkarın ve üzerini örtün.
h) Gece boyunca soğutun. Bir tabağa ters çevirin ve plastik sargı ile güzelce çıkmalıdır.
i) Plastik ambalajı çıkarın ve keyfini çıkarın!

73. Oreo Kabuk Tatlısı

Yapar: 8

İÇİNDEKİLER
- 20 Oreo, ezilmiş
- ½ su bardağı eritilmiş tereyağı
- 2 paket krem peynir (her biri 8 oz)
- ½ su bardağı pudra şekeri
- 1 su bardağı ekşi krema (veya tam yağlı yoğurt veya Yunan yoğurdu)
- 2 çay kaşığı vanilya özü
- 2 kutu Cool Whip, (her biri 8 ons)
- ½ fincan kakao tozu
- ½ su bardağı kiraz reçeli

TALİMATLAR
OREO KABUK
a) Eritilmiş tereyağını ezilmiş oreoların üzerine dökün ve parmaklarınız veya bir spatula kullanarak oreolarla bastırın. Bir ölçüm kabının tabanıyla bastırarak kabuğu düzleştirin.

b) Mikrodalgaya uygun karıştırma kabına krem peynir ekleyin ve her iki krem peynir paketini 20 saniye mikrodalgada yumuşatın.

c) Krem peynirli bir karıştırma kabına pudra şekeri ekleyin - topaklanmayı önlemek için küçük bir elek/süzgeç kullanın. Krem peynir ve pudra şekerini pürüzsüz ve birleşene kadar çırpın.

KREM PEYNİR/EKŞİ KREMA/COOL WIP DOLUM
d) Krem peynirli karıştırma kabına ekşi krema ve vanilya özü ekleyin. Birleşene kadar bir spatula ile karıştırın.

e) Şimdi bir spatula kullanarak 2 kap Cool Whip ekleyin. Pürüzsüz olana kadar karıştırın.

f) Hazırlanan dolguyu birbirine biraz eşit olacak şekilde iki parçaya bölün. Bir yarısı ilk beyaz katman olarak, diğeri ise ikinci çikolata katmanı olarak kullanılacaktır.

BİRİNCİ KATMAN (BEYAZ)

g) Spatula kullanarak Krem Peynir/Ekşi Krema/Soğuk Çırpma dolgusunun yarısını hazırlanan Oreo kabuğunun üzerine ekleyin ve bir spatula ile düzeltin.

İKİNCİ KATMAN (ÇİKOLATA)

h) Topaklanmayı önlemek için küçük bir elek/süzgeç kullanarak kalan krema dolgusuna kakao tozu ekleyin. Birleşene kadar spatula ile iyice karıştırın. İlk katın üzerine eşit şekilde yayın.

ÜST KATMAN (KİRAZ REÇELİ)

i) İkinci katın üzerine vişne reçelini en üstteki çikolata katının üzerine spatula ile eşit şekilde yayarak ekleyin.

j) Katların katılaşması ve sertleşmesi için en az 4-5 saat buzdolabında bekletin. Vaktiniz yoksa bir saat kadar derin dondurucuya da koyabilirsiniz.

k) Her dilimi bölün ve üstüne biraz ezilmiş Oreos ile servis yapın.

SÜSLEME

l) Oreoları oklava veya et yumuşatıcı ile ezin ve fırın tepsisinin altına dizin. Ayrıca oreoları (beyaz kısım dahil) mutfak robotunda çok ince bir şekilde işleyebilir ve tıknaz bir kabuk yerine güzel bir ince kırıntıya sahip olabilirsiniz.

74. Kara Orman Boule-de-Neige

Yapar: 14 porsiyon

İÇİNDEKİLER
KEK
- Yapışmaz bitkisel yağ spreyi
- ⅓ su bardağı vişne konservesi
- 2 yemek kaşığı kiş
- 1 ½ su bardağı kurutulmuş vişne
- 1 kilo bitter çikolata, doğranmış
- 1 su bardağı (2 çubuk) tuzsuz tereyağı
- 1 ¼ su bardağı şeker
- 1 çay kaşığı vanilya özü
- 6 büyük yumurta
- ⅓ fincan çok amaçlı un

KIRSCH KREM ŞANTİ
- 2 su bardağı soğutulmuş krem şanti
- ¼ fincan pudra şekeri
- 4 çay kaşığı kirsch (berrak kiraz brendi)
- ¼ çay kaşığı badem özü
- 16 adet şekerlenmiş menekşe yaprağı

TALİMATLAR
KEK İÇİN:
a) Rafı fırının en düşük üçte birine yerleştirin ve 350 ° F'ye ısıtın. 10 fincanlık metal bir kaseyi, kenarlarından 3 inç uzayan folyo ile hizalayın. Yapışmaz sprey ile folyo püskürtün. Konserveleri kirsch ile orta ateşte orta ateşte konserveler eriyene kadar karıştırın.

b) Kurutulmuş kirazları ekleyin; kaynatın. Kapak; ateşten alın. Soğumaya bırakın.

c) Orta-düşük ısıda ağır büyük bir tencerede tereyağı ile çikolatayı pürüzsüz olana kadar karıştırarak eritin. Ateşten alın.

d) Şeker ve vanilyayı çırpın, ardından her seferinde 1 yumurtayı çırpın. Unu, ardından vişne karışımını karıştırın. Hamuru hazırlanan kaseye aktarın.

e) Pastayı bir kapta 30 dakika pişirin. Aşırı kızarmayı önlemek için folyo çıkıntısını pastanın kenarlarının üzerine katlayın.

f) Üstü çatlayana ve kuruyana kadar pastayı pişirmeye devam edin ve merkeze yerleştirilen test cihazı, yaklaşık 55 dakika daha fazla, biraz nemli hamur eklenmiş olarak çıkıyor. Pastayı tamamen raftaki bir kapta soğutun (kek ortasına düşebilir).

g) Pastanın ortası ile aynı hizada olacak şekilde pastanın kenarını sıkıca bastırın. Üzerini örtün ve bir gece oda sıcaklığında bekletin.

KIRSCH ŞANTİ İÇİN:

h) Bir elektrikli karıştırıcı kullanarak krema, pudra şekeri, kirsch ve badem özünü büyük bir kapta krema zirveye ulaşana kadar çırpın.

i) Keki bir tabağa ters çevirin. Folyoyu soyun. Orta boy yıldız uç takılmış büyük bir sıkma torbasına çırpılmış kremayı kaşıkla koyun. Krem şanti yıldızlarını pastanın üzerine tamamen kaplayacak şekilde sıkın. Bir kubbe oluşturmak için pastanın üst düz merkezinin üzerine ilave yıldızlar sıkın.

j) Şekerlenmiş menekşelerle süsleyin.

75. Kara Orman semifreddo

Yapar: 8

İÇİNDEKİLER

- Yağlamak için sıvı yağ veya yumuşatılmış tereyağı
- 250 gr dondurulmuş siyah kiraz, çözülmüş, doğranmış
- 3 yemek kaşığı kiş
- 3 yumurta, ayrılmış
- 75 gr pudra şekeri
- 340ml çift krema
- 50 gr zencefilli cevizli bisküvi, kabaca ezilmiş
- 60 gr antep fıstığı, kabaca doğranmış
- 100 gr bitter çikolata, kabaca doğranmış

TALİMATLAR:

a) 900 g'lık bir somun kalıbını yağlayın ve uzun bir pişirme parşömen şeridi ile hizalayın (böylece kenarlarından taşar). Doğranmış kirazları bir kaseye koyun, kirsch'i ekleyin, ardından kasenin üzerini kapatın ve bir kenara koyun.

b) Yumurta aklarını büyük bir kaseye koyun ve sert tepe noktaları oluşana kadar elektrikli çırpıcılarla çırpın. Başka bir kapta, yumurta sarılarını şekerle beyazlaşıp koyulaşana kadar çırpın. Üçüncü bir kapta, çift kremayı yumuşak zirveler oluşana kadar çırpın. Sarısı karışımını iyice karışana kadar çırpılmış kremaya katlayın, ardından yumurta aklarını ekleyin.

c) Son olarak, kabaca doğranmış kirazları (isterseniz ıslatma likörü ile), 40 gr ezilmiş bisküvileri, 40 gr kıyılmış antep fıstığını ve 60 gr kıyılmış çikolatayı bir araya gelinceye kadar katlayın.

d) Karışımı hazırlanmış somun kalıbına dökün, yüzeyi bir kaşıkla düzeltin, üzerini kapatın ve sertleşene kadar en az 4 saat dondurun. Servis yapmak için, kalan 40g çikolatayı bir kapta, zar zor kaynayan su dolu bir tencerenin üzerinde eritin.

e) Semifreddoyu buzluktan çıkarın, büyük bir kaseyi sıcak suyla doldurun ve kalıbın tabanını yaklaşık 30 saniye suya batırın, ardından servis tabağına ters çevirin.

f) Çikolatayı semifreddo'nun üzerine gezdirin ve kalan bütün kirazlar, ezilmiş zencefilli fındık ve fındıklarla süsleyin.

g) Hemen servis yapın, 1 aya kadar servis yaptıktan hemen sonra artıkları dondurun.

76. Oreo vişneli çikolata kremalı parfe

Yapar: 1 Porsiyon

İÇİNDEKİLER:
- 1 paket (4 porsiyon) Royal® kiraz jelatin
- 1 su bardağı Kaynar su
- 1 su bardağı Soğuk su
- 7 Fudge kaplı oreo® çikolatalı sandviç kurabiyeleri; bölünmüş
- 1½ bardak Hazır çırpılmış tepesi

TALİMATLAR:

a) Jelatini kaynar suda eritin; soğuk suda karıştırın. 8 x 8 x 2 inçlik fırın tepsisine dökün. Sertleşene kadar soğutun.

b) 5 kurabiyeyi irice doğrayın; çırpılmış tepesi içine katlayın. Jelatini küpler halinde kesin.

c) Jelatin küplerin yarısını 4 parfe bardağa kaşıkla koyun; çırpılmış tepesi karışımının yarısı ile doldurun. Katmanları tekrarlayın. Servis zamanına kadar soğutun. Kalan çerezleri yarıya indirin; parfe süslemek için kullanın.

77. kiraz köpüğü

Yapar: 6 porsiyon

İÇİNDEKİLER:

c) 6 büyük Yumurta, Ayrılmış
d) ½ bardak) şeker
e) ¼ bardak Artı 2 Yemek Kaşığı Su
f) 3½ pint Ağır Krema
g) 3½ su bardağı Turta veya Tatlı Kiraz, Püre

TALİMATLAR:

a) Beyazları buzdolabına ve sarıları büyük bir paslanmaz çelik kaseye koyun ve bir kenara koyun.
b) Ağır bir tencerede, şeker ve suyu birleştirin. Çözünene kadar karıştırın ve yüksek ateşte koyun. 2 ila 3 dakika kaynatın. Berraklaştığında ve şeker tamamen eridiğinde, ocaktan alın ve hızlı bir şekilde yumurta sarılarına çırpın.
c) Bir mikser ile bu karışımı yüksek hızda 5 ila 8 dakika veya sert ve parlak olana kadar çırpın. Kenara koyun.
d) Sert tepeler oluşana kadar kremayı çırpın ve bir kenara koyun. Sert tepeler oluşturmak için yumurta aklarını çırpın ve bir kenara koyun.
e) Püre haline getirdiğiniz vişneleri yumurta sarılı karışıma ekleyin ve iyice karıştırın. Çırpılmış kremayı ve ardından yumurta aklarını katlayın. Bireysel servis tabaklarına veya büyük bir kaseye dökün ve en az 2 saat, mümkünse daha uzun süre hızlı bir şekilde buzdolabında saklayın.
f) Garnitür olarak çırpılmış krema veya fındık ile servis yapın.

78. Çikolatalı ve vişneli dondurma kapısı

İÇİNDEKİLER:

- 1 su bardağı (2 çubuk) tuzsuz tereyağı
- 1 su bardağı çok ince şeker
- 1 çay kaşığı. saf vanilya özü
- 4 yumurta, çırpılmış
- 2 su bardağı eksik 1 tepeleme yemek kaşığı. çok amaçlı un
- 1 tepeleme yemek kaşığı. şekersiz kakao tozu
- 1 ½ çay kaşığı. kabartma tozu
- 4 su bardağı çekirdekleri çıkarılmış ve doğranmış kiraz
- ½ bardak kızılcık suyu
- 3 yemek kaşığı açık kahverengi şeker
- ½ yemek tarifilüks vanilyalı gelato
- 1 su bardağı ağır krema, hafifçe çırpılmış
- üzeri için birkaç kiraz
- çikolata bukleler

Fırını 350°F'ye (180°C) önceden ısıtın. 7 inçlik yay biçimli veya gevşek tabanlı derin bir kek tepsisini hafifçe yağlayın. Tereyağı, şeker ve vanilyayı soluk ve kremsi olana kadar çırpın. Yumurtaların yarısını yavaşça çırpın, ardından iyice karışana kadar kuru malzemeleri diğer yumurtalarla dönüşümlü olarak yavaş yavaş ekleyin. Hazırlanan kek kalıbına kaşıklayın, üstünü düzleştirin ve dokunulduğunda sertleşene kadar 35 ila 40 dakika pişirin. Tavada soğutun, ardından çıkarın, folyoya sarın ve dilimlemeyi kolaylaştırmak için gerçekten soğuyana kadar buzdolabında saklayın.

Kirazları kızılcık suyu ve esmer şekerle birlikte küçük bir tencereye koyun. Orta ateşte yumuşayana kadar pişirin. Soğuması için bir kenara koyun, ardından gerçekten soğuyana kadar soğutun. Vanilyalı gelatoyu kaşıkla alınabilir kıvama gelinceye kadar hazırlayın.

Uzun bir bıçakla pastayı üç eşit katmana kesin. 7 inçlik kek tepsisine bir kat yerleştirin ve üzerine kirazların yarısını ve meyve suyunun üçte birini ekleyin. Bir gelato tabakası ve ardından ikinci kek tabakası ile kaplayın. Kirazların geri kalanını ekleyin, ancak suyunun tamamını değil (kalan suyu üçüncü kek tabakasının alt tarafını nemlendirmek için kullanın). Gelatonun geri kalanı ve son kek tabakası ile kaplayın. İyice bastırın, plastik örtü ile örtün ve gece boyunca dondurun. (İstenirse pasta 1 aya kadar buzlukta saklanabilir.)

79. Rum Tiramisu

Yapar: 6 porsiyon

İÇİNDEKİLER:
- 1 pound mascarpone peyniri, gerçekten taze
- 1 büyük kutu vişne şurubu içinde
- ¼ su bardağı toz şeker
- 2 yemek kaşığı rom, artı
- ⅓ su bardağı rom ve biraz ekstra toz şeker ile karıştırılmış
- 24 bayan parmağı

TALİMATLAR:
a) Peyniri, ¼ su bardağı toz şekeri ve 2T romu karıştırın. 3 eşit parçaya bölün
b) 8 bisküviyi en az onları alabilecek büyüklükte bir fırın tepsisine yan yana koyun. Konserve vişne suyunun ⅓'ünü bisküvilerin üzerine eşit şekilde dağıtarak dökün. Bisküvilerin üzerine peynirli karışımın 1/3 katı kadar yayın.
c) Peynir karışımının üzerine 8 bisküvi daha yan yana koyun. Bu bisküvi tabakasını rom karışımı ile ıslatın. Peynirli karışımın diğer üçte birini bisküvilerin üzerine yayın.
d) Peynir karışımının üzerine 8 bisküvi daha yan yana koyun. Bu bisküvi tabakasını kalan ⅓ fincan konserve vişne şurubu ile ıslatın. Peynir karışımının son üçte birini bisküvilerin üzerine yayın.
e) Ekstra kirazlarla süsleyin.

80. kiraz tiramisu

Yapar: 8 porsiyon

İÇİNDEKİLER:
- 12 Ladyfinger Kurabiye
- ⅔ fincan Espresso
- 3 büyük Yumurta; oda sıcaklığında
- 3 yemek kaşığı şeker
- 1 su bardağı krem şanti
- ¼ su bardağı Pudra Şekeri
- 2 yemek kaşığı Limon Suyu
- 4 ons Semisweet Çikolata; ince doğranmış
- 1 su bardağı Tatlı Kiraz; Çukurlu

TALİMATLAR:
a) Kurabiyeleri mumlu kağıt üzerinde tek kat olacak şekilde düzenleyin; espresso ile eşit şekilde gezdirin. Kenara koyun. Bir elektrikli karıştırıcı kullanarak, büyük bir kapta yumurtaları ve şekeri yüksek hızda koyulaşana ve soluklaşana kadar çırpın; kenara koymak Derin, soğutulmuş bir kapta krema, pudra şekeri ve limon suyunu birleştirin; katılaşana kadar yüksek hızda çırpın. Krema karışımını yumurta karışımına katlayın.
b) Çerezlerin yarısını geniş, 2 litrelik bir cam kasenin dibine yerleştirin.
c) Krema karışımının yarısını kaplayın, ardından çikolatanın yarısını eşit şekilde serpin. Kalan kurabiyeler, krema karışımı ve çikolata ile süsleyin.
d) Örtün ve en az 1 saat veya 3 saate kadar soğutun. Çilekleri tabağın kenarına dizin. Takozlar halinde kesin, ardından geniş bir servis kaşığı ile kaldırın.

81. Lindt bitter çikolata ile İtalyan Panna Cotta

İÇİNDEKİLER:

- 2 yemek kaşığı soğuk su
- 1 yemek kaşığı Agar Agar tozu
- 2 bardak ağır krema
- 1/4 su bardağı şeker
- 1 çay kaşığı vanilya özü
- gerektiği kadar maleat Lindt bitter çikolata
- süslemek için gerektiği kadar meyve

TALİMATLAR:

a) Küçük bir kaseye su ve agar agar koyun ve jelatinin 5-7 dakika kabarmasını bekleyin.

b) Orta boy bir tavada krema, şeker, vanilya esansını orta ateşte ısıtın ve şeker eriyene kadar kaynatın. Jelatini ilave edin ve pürüzsüz ve eriyene kadar hemen çırpın.

c) Jelatin tamamen çözülmediyse, tencereyi ocağa geri koyun ve kısık ateşte hafifçe ısıtın. Sürekli karıştırın ve karışımın kaynamasına izin vermeyin.

d) Kremayı 3 ayrı servis tabağına dökün. En az 2-4 saat veya tamamen sertleşene kadar soğutun.

e) Üzerini maleatlı Lindt bitter çikolata, kivi küpleri ve vişne ile süsleyin.

KOKTEYLLER VE MOKTEYLLER

82. Bourbon Kara Orman Kokteyli

Yapar: 2 içecek

İÇİNDEKİLER:
- 4 yemek kaşığı burbon
- 1 yemek kaşığı + 1 çay kaşığı kiraz brendi
- 1 yemek kaşığı kahverengi krem de kakao
- 1 çay kaşığı Kahlua

SÜSLEMEK İÇİN
- yüzen krema (çift/ağır)
- Maraschino kirazı
- rendelenmiş çikolata/kakao tozu

TALİMATLAR:
a) Her kokteyl bardağına bir kiraz koyun
b) Bir kokteyl çalkalayıcıya veya sürahiye bir avuç buz koyun ve ardından tüm alkolü ekleyin.
c) 20 saniye karıştırdıktan sonra bardaklara süzün.
d) Kokteylin üzerine biraz duble krema gezdirin (nota bakın)
e) Rendelenmiş çikolata veya biraz elenmiş kakao tozu serpin

83. kara orman martini

Yapar: 1 içki

İÇİNDEKİLER:
- 2 ons Vanilyalı Votka
- ½ ons Çikolata Likörü
- ½ ons Krem De Kakao
- 2 çay kaşığı Kiraz Suyu
- Garnitür: Krem Şanti/Çikolata Talaşı/Vişne

TALİMATLAR:

a) Buzla doldurulmuş bir bardakta vanilya votkası, çikolata likörü, krema ve vişne suyunu birleştirin.

b) İyi çalkala.

c) Karışımı bir coupe bardağa süzün ve üzerine çırpılmış krema, çikolata talaşı ve bir vişne ekleyin.

84. Kara Orman Boba milkshake

İÇİNDEKİLER:
- 110 ml çikolatalı sütlü içecek
- 3 kaşık süt tozu
- 2 kaşık kara orman tozu
- Birkaç kepçe kırılmış buz
- Ve ayrıca birkaç kaşık boba incisi

TALİMATLAR:
a) Her şeyi kapaklı bir kapta çalkalayın.
b) Son olarak, buz ve boba incileri.

85. Kara Orman Eski Tarz

2 ons burbon
1 ons kiraz likörü
1/2 ons basit şurup
2 çizgi bitter çikolata
portakal kabuğu
Bir kaya bardağında, portakal kabuğunu basit şurupla karıştırın. Buz, burbon, vişne likörü ve bitter çikolata ekleyin. İyice karıştırın ve kirazla süsleyin.

86. Kara Orman Margaritası

2 ons tekila
1 ons kiraz likörü
1 ons limon suyu
1/2 ons agav nektarı
Tuz (isteğe bağlı)

Tüm malzemeleri buzla dolu bir çalkalayıcıya ekleyin. İyice çalkalayın ve buzla dolu bir bardağa süzün. İstenirse camın kenarlarını tuzla kaplayın.

87. Kara Orman Sangria

1 şişe kırmızı şarap
1/2 su bardağı kiraz brendi
1/4 su bardağı çikolata likörü
1/4 su bardağı portakal suyu
1/4 su bardağı basit şurup
Dilimlenmiş portakal ve kiraz
Tüm malzemeleri büyük bir sürahide birleştirin ve iyice karıştırın. En az 2 saat veya bir gece buzdolabında bekletin. Buz üzerinde servis yapın ve dilimlenmiş portakal ve kirazlarla süsleyin.

88. Kara Orman Negroni

1 ons cin
1 ons kiraz likörü
1 ons tatlı vermut
portakal kabuğu
Tüm malzemeleri buzla dolu bir çalkalayıcıya ekleyin. İyice çalkalayın ve buzla dolu bir bardağa süzün. Portakal kabuğu ile süsleyin.

89. Kara Orman Manhattan

2 ons burbon
1 ons kiraz likörü
1/2 ons tatlı vermut
2 çizgi bitter çikolata
Kiraz
Tüm malzemeleri buzla dolu bir çalkalayıcıya ekleyin. İyice çalkalayın ve bir bardağa süzün. Kiraz ile süsleyin.

90. Kara Orman Fizz'i

2 ons votka
1 ons kiraz likörü
1 ons limon suyu
1/2 ons basit şurup
Kulüp sodası
Buzla dolu bir çalkalayıcıya votka, vişne likörü, limon suyu ve basit şurubu ekleyin. İyice çalkalayın ve buzla dolu bir bardağa süzün. Üzerine soda ekleyin ve kirazla süsleyin.

91. Kara Orman Ekşisi

2 ons burbon
1 ons kiraz likörü
3/4 ons limon suyu
1/2 ons basit şurup
Yumurta akı

Buzla dolu bir çalkalayıcıya burbon, vişne likörü, limon suyu, basit şurup ve yumurta akı ekleyin. İyice çalkalayın ve buzla dolu bir bardağa süzün. Kiraz ile süsleyin.

92. Kara Orman Vuruşu

2 ons burbon
1 ons kiraz likörü
1/2 ons limon suyu
1/2 ons basit şurup
Nane yaprakları
Kiraz
Bir çalkalayıcının dibinde nane yapraklarını ve vişneyi karıştırın. Burbon, vişne likörü, limon suyu ve basit şurubu ekleyin. İyice çalkalayın ve buzla dolu bir bardağa süzün. Nane sapı ve vişne ile süsleyin.

93. Kara Orman Kozmo

2 ons votka
1 ons kiraz likörü
1 ons kızılcık suyu
1/2 ons
Kireç bükümü

Buzla dolu bir çalkalayıcıya votka, vişne likörü, kızılcık suyu ve limon suyu ekleyin. İyice çalkalayın ve bir bardağa süzün. Kireç bükümüyle süsleyin.

94. Kara Orman Katırı

2 ons votka
1 ons kiraz likörü
1/2 ons limon suyu
Zencefil birası
Limon dilimi
Buzla dolu bir çalkalayıcıya votka, vişne likörü ve limon suyu ekleyin. İyice çalkalayın ve buzla dolu bir bardağa süzün. Üzerine zencefilli bira ekleyin ve limon dilimiyle süsleyin.

95. Kara Orman Yumruğu

2 su bardağı siyah vişne suyu
1 su bardağı votka
1/2 su bardağı kiraz likörü
1/4 su bardağı limon suyu
1/4 su bardağı basit şurup
Portakal ve kiraz dilimleri

Büyük bir sürahide vişne suyu, votka, vişne likörü, limon suyu ve basit şurubu birleştirin. İyice karıştırın. En az 2 saat veya bir gece buzdolabında bekletin. Buz üzerinde servis yapın ve portakal ve vişne dilimleri ile süsleyin.

96. Kara Orman Çevirme

2 ons brendi
1 ons kiraz likörü
1/2 ons basit şurup
1 yumurta
küçük hindistan cevizi
Buzla dolu bir çalkalayıcıya brendi, vişne likörü, basit şurup ve yumurta ekleyin. İyice çalkalayın ve bir bardağa süzün. Hindistan cevizi ile süsleyin.

97. Kara Orman Daiquiri

2 ons rom
1 ons kiraz likörü
1 ons limon suyu
1/2 ons basit şurup
Limon dilimi
Buzla dolu bir çalkalayıcıya rom, vişne likörü, limon suyu ve basit şurubu ekleyin. İyice çalkalayın ve buzla dolu bir bardağa süzün. Kireç kama ile süsleyin.

98. Kara Orman Sepeti

2 ons brendi
1 ons kiraz likörü
1 ons limon suyu
Şeker
Limon kabuğu
Bir bardağı şekerle kaplayın. Buzla dolu bir çalkalayıcıya brendi, vişne likörü ve limon suyu ekleyin. İyice çalkalayın ve hazırlanan bardağa süzün. Bir limon bükümü ile süsleyin.

99. Kara Orman Tornavidası

2 ons votka
1 ons kiraz likörü
Portakal suyu
Turuncu kama
Buzla dolu bir bardağa votka ve vişne likörü ekleyin. Portakal suyuyla doldurun ve portakal dilimleriyle süsleyin.

100. Kara Orman kokteyli

İçindekiler:
- 1/2 su bardağı vişne suyu
- 1/4 su bardağı çikolata şurubu
- 1/4 su bardağı ağır krema
- 1/4 fincan kulüp sodası
- Üzerini süslemek için krem şanti
- Garnitür için Maraschino kirazları

Talimatlar:
a) Bir kokteyl çalkalayıcıda vişne suyu, çikolata şurubu ve ağır kremayı birleştirin.
b) Çalkalayıcıya buz ekleyin ve iyice birleşene kadar çalkalayın.
c) Karışımı buzla dolu bir bardağa süzün.
d) Kulüp sodası ile süsleyin.
e) Çırpılmış krema ve maraschino kirazı ile süsleyin.
f) Lezzetli Black Forest kokteylinizi servis edin ve tadını çıkarın!

ÇÖZÜM

Pek çok kişinin Kara Orman tariflerini sevmesinin birkaç nedeni var:

Zengin çikolata aroması: Kara Orman tariflerinde, birçok kişi tarafından zengin ve tatmin edici tadı nedeniyle sevilen, genellikle ana bileşen olarak çikolata yer alır.

Tatlı ve ekşi kiraz aroması: Tatlı kiraz ve ekşi vişne likörünün birleşimi, Kara Orman tariflerine eşsiz ve lezzetli bir lezzet profili katıyor.

kremsi doku: Pek çok Kara Orman tarifi, krem şanti ile doldurulur ve pek çok kişinin keyif aldığı pürüzsüz ve kremsi bir doku eklenir.

Nostaljik çekicilik: Bazı insanlar için Kara Orman tarifleri, aile toplantıları, özel günler veya Almanya'ya yapılan seyahatlerin nostaljik anılarını çağrıştırabilir.

Genel olarak, zengin çikolata, tatlı ve ekşi kirazlar ve kremsi dokuların kombinasyonu, Kara Orman tariflerini birçok insan için popüler ve hoşgörülü bir tedavi haline getirir.

Umarız bu yemek kitabı, Kara Orman'ın zengin tatlarını ve benzersiz malzemelerini keşfetmeniz ve bölgenin meşhur leziz tatlılarını tatmanız için size ilham vermiştir. Aralarından seçim yapabileceğiniz 100 leziz tarifle, tatlı ihtiyacınızı tatmin etmenin yolları asla bitmeyecek.

Basit çikolata ikramlarından karmaşık hamur işleri ve keklere kadar, bu yemek kitabındaki tarifler ulaşılabilir ve takip edilmesi kolay olacak şekilde tasarlanmıştır, böylece Kara Orman lezzetlerini kendi mutfağınızda yeniden yaratabilirsiniz. Öyleyse, bu yemek kitabının bir kopyasını alın ve Kara Orman'ın tatlı ve zengin tatlarının tadını çıkarmaya hazır olun!

www.ingramcontent.com/pod-product-compliance
Lightning Source LLC
Chambersburg PA
CBHW070351120526
44590CB00014B/1095